全球财富家族传记系列

MORGAN FAMILY

摩根家族传

（修订本）

陈 润 —— 著

华中科技大学出版社
http://press.hust.edu.cn
中国·武汉

图书在版编目(CIP)数据

摩根家族传/陈润著. —2版（修订本）. —武汉：华中科技大学出版社，2019.3（2025.3重印）
（全球财富家族传记系列）
ISBN 978-7-5680-4820-0

Ⅰ.①摩… Ⅱ.①陈… Ⅲ.①摩根（Morgan，John Pierpoint 1837—1913）—家族—传记 Ⅳ.①K837.120.9

中国版本图书馆CIP数据核字（2018）第289958号

摩根家族传　　　　　　　　　　　　　　　　　　　　　陈　润　著
Mogen Jiazu Zhuan

策划编辑：亢博剑　娄志敏
责任编辑：娄志敏
责任校对：李　琴
封面设计：三形三色
责任监印：朱　玢
出版发行：华中科技大学出版社（中国·武汉）　　电话：（027）81321913
　　　　　武汉市东湖新技术开发区华工科技园　　邮编：430223
印　　刷：武汉科源印刷设计有限公司
开　　本：710mm×1000mm　1/16
印　　张：16
字　　数：220千字
版　　次：2025年3月第2版第7次印刷
定　　价：49.80元

本书若有印装质量问题，请向出版社营销中心调换
全国免费服务热线：400-6679-118　竭诚为您服务
版权所有　侵权必究

摩根家族主要人物关系图[1]

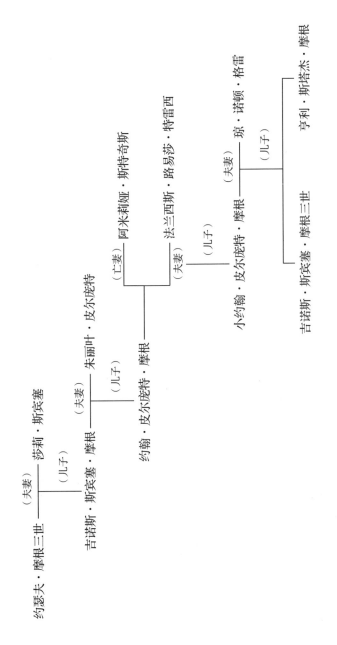

[1] 本图为参与家族事业经营的主要家族成员

序言

摩根家族,曾经掌控着全球赫赫有名的财团,今日的摩根士丹利和摩根大通两大公司,与其有着不可分割的渊源。

摩根财团在全球的金融市场上引领风潮200多年,在不同的领域构建起自己强大的帝国。摩根财团的历史,几乎就是一部美国乃至全世界的金融发展史,而摩根家族中最著名的J.P.摩根,更是开创了由金融寡头支配企业加盟的时代。他曾说过,用以推动历史的并非法律,而是金钱,也只是金钱。

回顾历史,摩根家族的理念对金融业的影响有以下几点:

厌恶风险

摩根家族文化不鼓励冒险,皮尔庞特甚至不愿意去华尔街23号办公楼隔壁的证券交易所。作为证券承销商企业的领导者,他对股市开盘和收盘的时间点都不愿了解。

这听起来或许匪夷所思,但任何不可控的风险都会让这个传统的、不喜欢赌博、不喜欢危机的家族感到厌烦。他们虽然强调拼搏精神,但也追求稳定收益,从不将所有鸡蛋放在同一个篮子中,因此,不会有任何项目的失败会对这个家族企业造成难以挽回的结局。

曾有一位投资者说过,"在市场中,赚多赚少并不重要。重要的是,你要确保自己能活下来。"对比同时代曾经在华尔街叱咤风云而最终落得人死财尽的杰西·利弗莫尔,摩根家族的风险防范意识不能不令人肃然起敬。

精英意识

想要加入摩根家族的圈子,要满足种种严苛的条件,但表述起来又很简单——精英。皮尔庞特不拘一格选取人才,他不看重个人背景,前南军骑兵能够被他打造为企业高管,而铁路线上的小职员也能被他任命为高级投资顾问,原因只有一个,那就是他们各自拥有才华。

在合伙人时代,摩根人从不看一个人能带来多少投资,是否认识什么政府高官,而是首先观察和判断他的行事风格和思维特征,是否符合真正的精英标准。这是因为吉诺斯、皮尔庞特和杰克无疑都是主宰时代的精英,他们相信,只有让精英凝聚成人才队伍,并团结在家族周围,企业才能有超越百年的传承和发展。

尊重强权

摩根人有自己的逻辑——金钱之外,还有更多责任。

皮尔庞特信奉法律,或许为了商业利益,他敢于游走在规则边缘,但他绝不会挑战国家意志和市场逻辑的底线。同样,也没有任何一个摩根家族的成员会对公共舆论公然说"不",因为他们的发展轨迹证明,只有用私密而高超的手法维系与不同强权的关系,才能带来最强大的企业核心竞争力。

顺应社会趋势

社会趋势是无法违抗的,即便强大如摩根家族,在面对时代的浪潮时,他们也需要顺应命运的改变,而不会盲目对抗。

因此,这样才会有摩根家族顺应时代变化,将资金从英国引流到美国,又在"一战"之后,举美国资金注入欧洲复兴,才会有他们对"金本位"[①]态度的变化和预计美国金融业发生大变革时的及时应对。

摩根人从不妄自尊大,他们相信市场才是经济活动的最高主宰,而只有看准社会趋势,对信息进行广泛深入的搜集,生意才有盈利的可能。

保持独立

摩根人始终懂得克制地使用金钱,不为欲望所奴役。

今天,豪门主宰行业的历史,已是陈年旧事,当年美国舆论对摩根家族层出不穷的声讨已成旧话,而行刺者朝向杰克·摩根扣动的扳机,对摩根家族造成了深深的伤害。摩根家族不是金融海洋中欲壑难填的海盗,也不是传播福音的正义化身,因为历史的运行规律从不会无迹可寻,而是将不同面具分发给其中的参与者。摩根家族是美国经济发展和世界金融交流的见证者和参与者,让参与者以不同的身份在历史长河中前行,但当大幕关闭、掌声响起,即使再伟大的豪门也有退场的一刻。

对今天的我们而言,在摩根家族之前,没有豪门能和他们的成就相比;在摩根家族之后,也很可能没有家族可以重现其巅峰。但摩根家族留给世人的精神财富,将会永远存在。

[①] "金本位":以黄金为本位币的货币制度。

目 录

第一章　家族的崛起（1780年—1835年）
/001

起之于野 // 002
左右逢源的咖啡馆馆主 // 005
一把火烧出大生意 // 008
皮博迪是个好教父 // 012

第二章　进军欧洲（1835年—1857年）
/017

"富二代"也得自力更生 // 018
遗产在手闯天下 // 022
波士顿的新家族 // 025
敢查皮博迪的账本 // 029
金融新星，冉冉升起 // 034

第三章　父子联手（1857年—1867年）
/039

少年心事当拏云 // 040
游学经历 // 043
从公司新人做起 // 046
身陷步枪丑闻 // 049
公司草创 // 052
高抛低吸，黄金操盘手 // 055
再见丑闻，你好新家族 // 058

第四章 浴血奋战（1867年—1876年）

/ 061

大战"华尔街之鬼" // 062
拉了卡内基一把 // 067
普法战争，谁才是大赢家 // 069
进军华尔街 // 073
推倒"白须帝王"的宝座 // 075
金融风暴中的磐石 // 078

第五章 黄金时代（1876年—1895年）

/ 081

为美国军队付薪水 // 082
资本点亮了电灯 // 084
中央铁路易主 // 088
以摩根之名仲裁 // 091
铁路行业的新霸主 // 096

第六章 王者摩根（1895年—1913年）

/ 101

蔓延，操纵资本之手 // 102
打响了"金本位"保卫战 // 105
史上最大托拉斯 // 109
北方证券，突袭和反突袭 // 112
与罗斯福总统较量 // 115
拯救者摩根 // 118
世间再无 J.P. 摩根 // 120

第七章　王位传承（1914年—1929年）

入主家族的"新摩根" // 128
纽约储备银行，阴谋还是阳谋 // 130
纽黑文，刚上位就受困？ // 133
"一战"炮火带来转机 // 136
枪口下的金融家 // 140
将通用纳入囊中 // 143
鼎盛时代，选择急流勇退 // 146

/ 127

第八章　跌入低谷（1929年—1933年）

大萧条，逆水行舟不进则退 // 152
阴云密布，调查或侮辱？ // 155
格拉斯－斯蒂格尔法案 // 159
摩根士丹利"出走" // 161

/ 151

第九章　新希望（1934年—1943年）

"新摩根"与"老摩根" // 166
"二战"岁月 // 169
合伙人制度终结，摩根公司也上市了 // 173
财团的余晖 // 176

/ 165

第十章　家族隐退（1951年—1973年）

年轻的"继子"神话 // 182
摩根公司重整旗鼓 // 185
蛇吞象，吃掉纽约担保信托公司 // 187
重圆梦碎，百慕大会议无疾而终 // 190

/ 181

第十一章　变革年代（1973年—1989年）

/
195

兼并之王摩根士丹利 // 196
垃圾债券 // 199
摩根建富烟消云散 // 203
拯救大陆银行 // 205

第十二章　逃出生天（1990年—2006年）

/
209

"互联网皇后"，诞生在泡沫中 // 210
改名摩根士丹利·添惠·发现 // 212
互补出优势 // 216

第十三章　新世纪（2006年—2015年）

/
221

躲过次贷危机 // 222
谁解救摩根士丹利 // 224
私人投资银行落幕 // 228
投资中国，就是投资希望 // 232
摩根的新"国王" // 236
拥抱移动互联网时代 // 240

参考文献 // 244

第一章
家族的崛起
（1780年—1835年）

起之于野

1636年，迈尔斯·摩根带领族人越过大西洋，从遥远的英格兰来到马萨诸塞州。即使踏上了大洋彼岸的陌生土地，摩根家族始终恪守着庄稼人的本分，靠着在土地上的点滴辛劳延续血脉。他们对地方政治和军事有点兴趣，但总体上依然是个传统的农耕家族。

小约瑟夫·摩根继承了家族产业，在农业上做得很出色，还不断增加在畜牧业上的投资。这位头脑灵活的上尉还尝试用新的方式赚钱，比如，将每头羊按照每年缴纳0.75磅羊毛的价格租赁给其他农户。

随着小约瑟夫的努力，家庭情况开始发生变化，并集中体现在约瑟夫·摩根三世身上。约瑟夫·摩根三世，是小约瑟夫·摩根的第三个儿子。1780年，他出生于西斯普林菲尔德的摩根农庄中。此时，从最初的摩根人来到马萨诸塞州之后，已经过了将近150年，到约瑟夫三世成年后，美国独立战争的硝烟已随一纸和平协议消散殆尽。展现在约瑟夫三世面前的，是美好的新大陆国家，和其祖先所经历的环境迥然不同。

当时，受到农民反抗的威胁，马萨诸塞州的立法机关不得不降低税收与诉讼的费用，其中，布匹和日用百货的税收被完全减免，农庄的日子因此一天比一天好过。联邦政府和州的宪法规定了政教分离，宗教的影响迅速减弱，城镇里来了教师，农村的孩子们开始接受教育。

约瑟夫三世和不少农村孩子一样，被望子成龙的父母送进学校。在那

第一章　家族的崛起（1780年—1835年）

里，他学会了算术和写作，尤其喜爱写日记。从12岁开始，约瑟夫三世一直坚持写日记，直到去世。

约瑟夫三世喜欢干农活，不过对做生意更感兴趣。14岁时，他在镇子上找了个养路工的兼职，为家里省掉了本应上缴的养路费。16岁那年的冬天，他一边在斯普林菲尔德的初中继续学习，一边到遥远的山区小学教书，教20多个小学生最简单的语文和算术，每个月能挣7.5美元。教学工作在每年3月1日结束，之后他回家准备春耕。

在那段时间里，春、夏、秋三季，约瑟夫三世都在自家土地上做农活，而冬天则会去教书，圣诞节放假时，他忙碌着准备春耕工具。随着年龄增长，他开始分担家中更多的责任，一度忙到连日记也不得不暂停。

后来，约瑟夫三世与康涅狄格州米德镇的莎拉·斯宾塞相识、相恋并结婚，然后正式在西斯普林菲尔德安了家。从那时开始，他成了西马萨诸塞州有些头面的乡绅。

到1808年，约瑟夫三世已一跃成为当地的富人。和父辈们不同，约瑟夫三世精于农事但又不满足于此，他雇了人手来做农活，将腾出的时间和精力用于扩大资产。他先是花了400美元购买一个小农庄出租；第二年，又买了套房子和18英亩①的土地，然后租给农户奥利弗·斯普拉格；1811年，他又从房产交易中赚了400美元；又过了一年，他以低价拿到了40多英亩的土地……

资金盘活之后，约瑟夫三世对资本升值的渴求表现得更直接。他精于计算、敏于觉察，不放过眼前出现的任何赚钱机会。有一次，住在哈特福德的岳父塞缪尔·斯宾塞来家里看望他，送岳父回去时，他还顺便赶了家里的两头猪去那边的集市卖钱。

约瑟夫三世悄然改变的同时，西斯普林菲尔德也发生着变化，城镇之间

---

① 英亩，面积单位。1英亩≈4047平方米。

的道路被铺设得宽阔平整，交通便利起来。因此，尽管道路雨季泥泞、夏日扬尘，但四轮马车与公共马车还是可以带着约瑟夫三世远行经商了。

随着时间流逝，约瑟夫·摩根三世意识到，自己必须谨慎而勇敢地改变家族传统，这些传统是从父亲、祖父乃至更为遥远的祖先那里继承而来的。但此时此刻，小家庭内部的呼声也促使他尽快改变。

约瑟夫三世的妻子莎拉接连为他生了两个女儿——玛丽和露西后，产生了离开乡下小镇的想法。她希望女孩们能够到更大的地方去开阔眼界，而不是始终闻着泥土气息做个乡绅家的姑娘。

约瑟夫三世又何尝不想为家族开创新的希望。1812年，约瑟夫决定加入位于北安普顿的华盛顿慈善协会，这家协会是当地放债人的同业协会。从此，他半只脚踏入银行金融业，私人银行的梦想正在不远处向摩根家族招手。

正是在这一年，美国政府宣布同英国开战。除了颁布贸易禁令外，总统还宣布要从各州和属地征召十万民兵，战争随之爆发。但在马萨诸塞州，没有多少人支持战争，附近的康涅狄格州、罗得岛州也拒绝派出民兵，更不用说在政治上属于"穷乡僻壤"的西斯普林菲尔德。

约瑟夫三世得以继续安稳地做生意，他的投资主要是在当地，远非发生战事的前线，因此无须担心。不过，消息还是一点点跟随着风飘到了约瑟夫三世的耳畔。他听说英国人攻占了华盛顿，烧毁了白宫等建筑，所以感到些许痛心。在时局影响下，他买了本记述拿破仑生平的书籍，借此了解遥远欧洲大陆的伟人事迹。此外，他还买了本关于英国历史的书，书店老板用奇怪的神色打量着他，毕竟当英国军队在祖国土地上肆虐时，买这种书的人还真是少见。

1813年4月14日，吉诺斯·斯宾塞·摩根诞生在西斯普林菲尔德家中，这是约瑟夫的第三个孩子，也是他唯一的儿子。

儿子吉诺斯出生几个月之后,约瑟夫三世的父亲小约瑟夫上尉去世了。他留给了约瑟夫约112英亩的农庄和大约价值11000美元的资产。他很快用其中的2000美元购买了一个小农庄,然后租了出去。

1815年,英美战争正式结束,两国于1814年签订了《根特条约》。约瑟夫三世听到之后,带着妻子儿女前往哈特福德,同岳父岳母一起庆祝。当天,在日记中,约瑟夫三世用"喜讯"一词来描述自己对这一消息的感受。

战争结束后,时局稳定,约瑟夫三世得以继续扩大产业。他出手进行了一桩重要投资,这是摩根家族历史上的第一笔"大生意"。

左右逢源的咖啡馆馆主

约瑟夫三世早就在酝酿做一个大项目,他不满足于之前小打小闹的资本运作,而是想放手大干一场。不久后,约瑟夫三世就正式将农庄交给妻子和兄弟,自己进入新的领域——旅馆业。

约瑟夫三世早就看中了一家不错的小旅馆。这家旅馆原本附属于当地驿站,向来往的旅人提供食宿,随着名气上升,后来便开始向附近居民提供生活服务,从作为酒吧、杂货店,再到组织舞会,成了当地的"商业中心"。

约瑟夫三世之所以想要投资旅馆业,和他多年来四处谈生意的经历有关。前往各地谈生意的途中,坑坑洼洼的公路旁总会有这样的小旅馆,住宿之后,约瑟夫三世深感其舒适与方便。当知道那家小旅馆打算出售之时,他第一时间买下了旅馆连同驿站,还花费2000美元,买下了马、家具、食品和酒水,并把整个旅馆翻修一新。

一个月之后,约瑟夫三世发现驿站没有什么利润,于是果断选择将驿站折价,以900美元的价格卖出,虽然这笔生意没什么赚头,但他得以开始专注旅馆生意。

长袖善舞的约瑟夫三世的确适合做旅馆老板,比起当守着田地的乡绅,这里的事业更加精彩,很快能把本钱赚回来。约瑟夫三世还发现了另一条生财之道——贷款。住店的客人大多是生意人。他们时常急需现金,而约瑟夫三世总能及时从柜台下面抽出一沓钞票,即使客人们需要因此付出较高利息,他们依然感到幸运。

或许,这就是摩根家族最早的金融事业了。

约瑟夫三世的眼界开阔起来,生意之余,旅馆客人们的酒后闲谈始终撩拨着他的心弦,让这个年富力强的男人渴盼着去东海岸的那些大城市,一睹繁华世界,这才不枉此生。

约瑟夫三世将走出去的第一站选在哈特福德镇中心,他买下了政府街北面那家明亮大气的咖啡屋。当然,16000美元的购买价格实在不菲,为此约瑟夫三世将原来的小旅馆卖给了堂兄。

喜好交际的性格让约瑟夫三世在经营咖啡馆时受益匪浅。哈特福德的城镇规模更大,行走商旅更多,许多人长期泡在咖啡馆里,因为彼此的利益和感情,许多人都非常亲密,也都和老板约瑟夫三世成了好友。

为此,咖啡馆里频繁举办私人宴会,商人们周末聚在一处,莺歌燕舞,好不热闹。为让环境更加怡人,约瑟夫三世添设了音乐室、书房和餐厅等,将原本格调不高的咖啡馆变成了整个哈特福德最上等的社交会所。

两个月后,约瑟夫三世将自己的家正式搬到哈特福德的俄塞勒姆街。不过,精明的约瑟夫三世并没有卖掉在西斯普林菲尔德的地产,他希望妻子和孩子们可以不时地回去休养、度假、亲近大自然。

约瑟夫三世成了镇子上的知名人物,当地的头面人物纷纷来到家中拜访

第一章 家族的崛起（1780年—1835年）

他。对摩根家族而言，这是令人激动的变化，说明摩根家族的人终于依靠自己的努力，步入了当地的上层社会。

不久之后，摩根咖啡馆迎来了一件大事。

1812年的战事里，出身哈特福德的麦克唐纳海军准将立下了不小的战功，市长决定要举行授剑仪式表彰麦克唐纳，仪式地点定在咖啡馆的会议大厅中。听到消息之后，约瑟夫三世相当激动。他认真地准备着，将墙上一排排爱国先贤的相片擦拭得锃亮，又用常青藤装饰了略显古旧的大厅，28种酒被陈列在长条桌上……当晚，简短而热烈的仪式之后，来自哈特福德和周边城镇的名流和贤达人士，在这里度过了快乐难忘的时光。

约瑟夫三世的确天生是个好老板。这次仪式的成功让他更加全心全意地扑在店里，为了让每个顾客满意，他几乎不愿离开咖啡馆一步，他不断地解决着客人们的问题，甚至为顾客提出的一项建议而忙碌上几个月。

在这种近乎偏执的努力下，摩根咖啡馆焕然一新：在这里，绅士们在客厅悠然自得地饮酒聊天，或者在阅览室里读书看报消磨时光；女士们翩翩起舞，或者喝着加了糖块和牛奶的进口咖啡；政府官员在这里召开会议；生产促进协会在这里举行联谊，消防部门在这里商量事务，而哈特福德市市长的就职舞会也在这里进行。更不用说，当外地来了新鲜的剧团或者有什么重要演出，也一定会选择摩根咖啡馆的会议厅来举行首演。

总而言之，摩根的咖啡馆变成了俱乐部、变成了剧场、变成了新闻发布会现场、变成了各种小道消息和流言蜚语的集散地。

新的投资项目也随之逐一进入约瑟夫三世的视野。康涅狄格轮船公司为了建造康涅狄格桥而发行了总价10万美元的股票，约瑟夫三世大笔购入，成为公司的股东。与此同时，他对附近的伊利运河也有很大兴趣，并购买了与运河业务相关公司的股票，此外，他还认购股票支持修建巴尔的摩到俄亥俄州的铁路……总之，和交通有关的一切事项，他都很关心，因为他认为，伴随着城市的扩大与经济繁荣，交通事业必然是最先受益的。

到1819年，凭借积极的投资，约瑟夫三世成为地方航运业和铁路的大股东，更是康涅狄格轮船公司的董事。

幸运女神的翅膀悄然覆盖着摩根家族。由于她的垂青，摩根一家从乡村走进城市后，没有碰到任何阻碍，生意一帆风顺，社交面也不断扩大，知名度迅速提升。未来，更大的商业成功，正迫不及待地向约瑟夫三世招手。

一把火烧出大生意

过了几年，约瑟夫三世将咖啡馆以22000美元卖出，然后以相当实惠的价格，买下了位于城镇主干道上的一家城市旅馆。

旅馆有50多个房间，因经营不善而停业。买下旅馆之后，约瑟夫三世照例进行装修，他将家具和床垫全部换掉，新地毯、装饰品和墙壁上的油画，全都是约瑟夫三世亲自去纽约采购的高档货。

这笔开支的收效立竿见影。旅馆重新开张后，整洁干净、高档贵气，入住率大增。这次成功的投资，让当地舆论为之瞩目，报社记者纷纷叫好，说约瑟夫三世一定会取得更大成功。

对这样的报道，约瑟夫三世没有在意，他不喜欢被媒体以这样的方式关注。摩根家族固然和当地名门没什么不同，但"低调"就是他们最大的特征。平日里，这个五口之家连自家专用的马车都没有，约瑟夫三世出门谈生意只会选择小马车、公共马车或者船，直到这一年，他才给家里买了辆四轮四座的马车，用于全家旅行。

第一章　家族的崛起（1780年—1835年）

但很快，约瑟夫三世就发现，新马车买迟了，大女儿玛丽在1832年嫁给了一位年轻教士，二女儿露西也在同一年嫁入了哈特福德当地名门。约瑟夫三世知道女孩们迟早要走出家门，也尊重她们对感情归宿的选择，不过他期待的家人一起乘马车旅行则难以实现了。此时，家中只剩下小儿子吉诺斯还在读书。

家庭负担减轻，约瑟夫三世有了更多时间参与政治，他得到了莫大的政治荣耀作为回报：美国第七任总统安德鲁·杰克逊，在经过哈特福德时，他专门来到约瑟夫三世的城市旅馆，和约瑟夫三世以及当地其他市政官员共进晚餐。

约瑟夫三世知道急流勇退的道理，1835年，约瑟夫三世决定不再从事旅馆业，而是专门从事投资业。他宣布出售旅馆，由于一时没有买主，就改为先租赁出去，以八年为期，获得了8000美元。同时他坦率地保证，如果租赁期未满而房产有了买主，那么就会按照比例予以退款。

料理好生意后，约瑟夫三世和妻子莎拉回到了在哈特福德俄塞勒姆大街上的家中。大宅子里，有他多年来从不同城市购买的家具、地毯和饰品，却没有了以往的一对娇女承欢膝下，儿子也去了寄宿学校，偌大的屋子只有夫妻两人居住，清冷而寂寞。

同年12月，纽约传来的大火消息让约瑟夫三世不再感到无聊。这是一场突如其来的灾难，但对摩根家族来说却是新的契机。

那时的纽约，已经是全美国发展最迅速的城市之一，越来越多心怀梦想的人迁移到纽约去。在短短十余年间，纽约人口迅速上升，如此密集的人口和贫瘠的城市基础设施，再加上不断扩大的贫民区，为灾难的发生埋下了隐患。

1835年12月16日，纽约的一栋房子着火，火势原本不大。但天气严寒，冻住了自来水阀门，大火因无法及时扑灭而迅速蔓延，整条街都陷入了火海。

12月17日,约瑟夫三世接到消息,大火的损失估计在1500万美元以上。这个数字在当时简直是天文数字,不少遭遇了资产损失的商人在心痛之余翻出了当初的投保合同,以为能从保险公司拿到赔偿。但几乎每家保险公司都把矛头指向了纽约市政府,指责他们没有制定安全规章,没有控制建筑质量,导致工程和消防全都是问题。总之,投保无效,赔偿无门!

早在1819年,约瑟夫三世进行一系列对外投资时,就成了安泰火灾保险公司的股东之一。现在,他很想知道安泰火灾保险公司会怎样做。

其他投资者早就坐不住了,他们已经聚集到公司里,议论纷纷、惊慌失措,眼尖的人看到约瑟夫三世的身影,立刻高声喊道:"摩根先生,我自愿放弃股份,请你把我的股份买去吧!"

似乎是连锁反应一样,十几个声音此起彼伏,内容几乎一模一样,都希望尽早从这样的灾难中脱身。

约瑟夫·摩根三世反倒淡定下来,他望着这群慌乱的投资人,一个大胆的计划在心中成形。

"诸位股东,我可以买下你们的股份。"等声音稍微小了点,约瑟夫三世紧皱眉头,摆出无奈的样子说道。

人们几乎能听到彼此心里石头落地的声音,表情也轻松了许多,他们把约瑟夫三世当成救命稻草,希望他此刻变成"有钱的傻瓜"。

约瑟夫三世环顾四周,继续"无奈"地说道:"保险公司重组,我一个人财力恐怕不够,有没有其他人能和我一起冒这个险?"

话音落下许久,周围没有一个人搭腔。又过了几分钟,有个中年人站了起来,他也是安泰火灾保险公司的股东,看到约瑟夫三世毫不推脱的态度,不由心中一动,愿意一起冒这个险。

最终,两个人凑了10万美元,买下了其他董事自愿放弃的股份。就这

第一章　家族的崛起（1780年—1835年）

样，安泰火灾保险公司成了摩根家族控股的第一家保险企业。

接手伊始，约瑟夫三世面对的就是令人头疼的赔付问题。他摆出一不做二不休的姿态，利用一切渠道放出消息，说自己就算把所有家族产业卖掉也要完成赔偿。同时，约瑟夫三世在几天内派出十几个代理人，专门赶往纽约开始处理赔偿事项。这些代理人让蜂拥而来的商人们回去准备好材料，然后上交过来等待公司审核，再按照程序进行理赔。

消息不胫而走，在一帮赖账保险公司的反衬下，"安泰"两个字成了信用保障的代名词。纽约的商人们认定，原本精心挑选的保险公司都不靠谱，只有经受住考验的安泰火灾保险公司才足以信赖。于是，许多人选择从其他保险公司退保，然后找到约瑟夫三世派出的代理人，要求填写保险单申请表，许多人根本没有在乎价格的变化——约瑟夫三世接手公司时规定，投保费用升高到过去的两倍。

就这样，赔偿行为变为广告营销。约瑟夫三世虽然支付了许多钱，但同时又源源不断地收获了更多的信任和金钱。结算下来，那些退出公司的股东后悔不已——约瑟夫三世不仅全身而退，还在纽约净赚了15万美元。

借由这次纽约火灾的理赔事件，摩根家族收获了第一桶金，并掌控了具有良好信誉的保险公司。因为约瑟夫三世个人的诚实信用和冒险精神，整个家族事业实现了质的飞跃。

仅仅在几年以前，这个家族还只是偏僻小镇里的富农，但约瑟夫三世却把摩根的名字带进了纽约。作为出生于农场的一代，伴随着年龄的增长，约瑟夫三世经常怀念农场静谧的早晨和美好的夕阳，但在家族历史的长河中，他注定是家族最后的农场主。

皮博迪是个好教父

在约瑟夫·摩根三世肩负起纽约大火赔偿重任的同时，另一个商人也正面临着时代交付的重任。

这个人叫乔治·皮博迪。未来，他将成为摩根家族事业的"教父"。

皮博迪个子高大而强壮，有着清澈的蓝眼睛，脸上布满皱纹，连鬓胡子、肿眼泡，黑头发整整齐齐地梳理着，看起来宛如一个知识渊博的学者。这个商人过着几乎和学者一样规律的生活，这与他童年的经历有关。儿时，皮博迪家境贫困，十几岁就辍学工作，和哥哥到杂货店干活，维持寡母和几个弟妹的生计。等成年之后，他连恋爱和婚姻也无暇顾及，每天有十个小时忙于工作，即使是晚上和周末也很少休息。

就这样，皮博迪逐渐成为马里兰州受人尊敬的海外贸易商，他在伦敦有很多客户，于是开始利用个人影响力向伦敦市场宣传"美国是最好的投资对象"，借此帮助州政府卖出更多债券。

但1835年，皮博迪碰上了些小麻烦，他不得不踏上跨越大西洋的海轮前往伦敦。此前，美国各州政府陷入空前的债务危机，由于项目建设的热潮涌动，从铁路建设到运河开凿，再到公路的修建，都要借助各州发行的大量上市债券来获取资金。但资金投入后却暂时看不到收益，一些州开始拖欠利息，马里兰州的议员们很快也按照"民意"吵嚷起来，说必须要拖欠利息，不能让外国银行家卡住政府的脖子……

由于债券大都在伦敦上市，马里兰州政府派出三位特派员去谈判，乔治·皮博迪就是其中一位。

伦敦是当时的世界金融中心。英镑，是国际贸易通用货币。伦敦银行家们沐浴在拿破仑战争最终获胜的光环中，巴林、罗斯柴尔德这些家族金融企业的地位高高在上，让其他普通公司难以企及。但在伦敦，人们找不到"巴林"或"罗斯柴尔德"银行的牌子，公司使用的信笺也没有笺头和标志，既不开设分部，也不招揽业务，只和特定的客户建立单线的业务关系……即使如此，各国政府的代表还是排起长队，接近银行家们，试图获得财力支持。

来到伦敦之后，其他两个特派员很快败阵下来，失望返程。皮博迪却凭借手腕和关系，邀请了十几个银行家参加宴会，他为马里兰州担保说，现在只是暂时拖欠利息，并进一步巧妙地解释说，这些银行家们应该向马里兰州继续提供新贷款，才能保障他们继续偿还。最终，这些银行家们不仅没有中断贷款，反而又加拨了800万美元。

一位英国政治家说："皮博迪简直就是靠自己的面子借到了这笔钱。"马里兰州政府想为"这份面子"给出佣金60000美元，但皮博迪表示自己分文不取。

这次成功，让皮博迪意识到自己在伦敦的影响力。

1837年，没有家室的他迁居到了伦敦，开了自己的商号。这间办公室看起来相当简陋，除了几张书桌、一个红木柜台和一只保险柜之外，别无他物。但皮博迪走进了新的圈子，这个圈子里全都是卓越的商人，成员们各自做生意，同时又为其他成员的生意提供资助，他们是无形的银行，没有存折、出纳和账户，却做金融业务，包括融资、发行股票和债券，再向各国政府、各大公司和豪门贵族发放贷款。

虽然搬到了伦敦，但皮博迪依然保持着爱国者形象。他宣称自己的公司是"美国商号"，并理所当然地成为"美国人驻伦敦"的代言人。他曾经一周内宴请了80位来访的美国人，然后带着其中35人去观赏歌剧，丝毫不在意老式贵族们对这些美国暴发户们的鄙视和不满。

可惜，美国却没有给予这位爱国者应有的回报。尽管皮博迪四处演说，宣扬美国经济的大好前景，但未来的十几年中，美国各州政府的债券价值一路狂跌，每美元债券跌到50美分，不少州政府始终拖欠债务不愿归还。这导致美国形象在整个欧洲的投资界大为受损，被痛骂成流氓、骗子和忘恩负义之徒。

当马里兰州此后又一次开始拖欠利息时，《泰晤士报》毫不客气地评论说，虽然皮博迪是"最清白的美国绅士"，但是改革俱乐部还是曾经投票拒绝他加入，毕竟他是一个"拒付债务的国家的公民"。皮博迪很沮丧，他在给朋友的书信中写道，希望有一天在欧洲承认自己是美国人时，能够不必为国家的品行感到脸红。

为挽回信誉，皮博迪自设基金，用于加强在马里兰州的还债宣传，从议员到政府官员，他都一一给钱拉拢，馈赠名单中还有那些知名牧师，请他们在布道时宣讲尊重合同是神的意志。

努力终见成效，赞成偿还债务的辉格党入主州政府，马里兰州和宾夕法尼亚州开始重新还款，皮博迪心中的巨石终于落地。

到19世纪40年代末期，美国终于走出了萧条时期，相比之下，革命火焰席卷整个欧洲大陆，动荡的时局让人们更看重美国债券和股票。皮博迪终于为祖国而自豪，他在伦敦社交界变得更加活跃。

皮博迪的生意也越做越大，他为不同的交易提供融资贷款，他和中国进行丝绸贸易，又把铁轨出口到美国去，到19世纪50年代时，皮博迪已经积攒了将近2000万美元的个人财富。

令人难以想象的是，这样的金融巨头，个人每年的花费只有3000美元，吝啬到不愿意给自己买一辆马车，曾经有人见过他在寒冷冬雨中站在街头等票价一便士的公共马车，足足等了20分钟。还有人传说，皮博迪每天中午在办公桌旁吃过午餐后，派勤杂工去买苹果，他给勤杂工两个便士，找回的零钱是半便士，但他每次还都要将零钱"残忍"地要回去，从不会慷慨地作为小费付给望眼欲穿的勤杂工。

第一章 家族的崛起（1780年—1835年）

皮博迪并不掩饰他的吝啬，和朋友的书信中，他承认自己"经历了太多的金融恐慌，虽然没有遭受损失，但并非没有见过巨额财产被席卷一空的景象，即使是自己的钱，他也必须要小心谨慎"。

与这种"近在眼前"的吝啬截然不同，皮博迪对"远在天边"的公共事务乐善好施。1857年，他出资建造巴尔的摩的皮博迪音乐学院，1862年，他又捐献15万英镑给信托基金，改造伦敦的贫民住宅区。

后来，严重的痛风与风湿病开始骚扰皮博迪，他自知老之将至，由此对慈善事业更加慷慨，他将一座历史博物馆、一座考古学和人类文化学的博物馆捐献给耶鲁大学，然后又为美国南部被解放的黑奴设立教育基金。

对生意上的事情，皮博迪更有长远打算，他知道，自己必须选择精英来继承公司。此前，他从未让任何人真正分担过商号的管理权力，办公室经理查尔斯·古奇对商号有很小的管理权力，但在皮博迪面前，他永远都只能像低等办事员那样顺从，根本没办法成为对等的合伙人。按照当时通行的做法，皮博迪可以挑选直系亲属接手，但皮博迪终身没有结婚，只有一位情妇，两人育有私生女，根本不能继承产业。

皮博迪对继承人人选设定了严格要求：对方必须是美国人，而且要有家庭，有着丰富的国际贸易经验，同时像他一样喜爱并擅长交际。这些条件缺一不可，所以短时间内很难找到合适的继承者。

皇天不负有心人，到1853年，"教父"皮博迪终于发现目标，此人符合所有条件，足可承担重任。

他就是约瑟夫·摩根三世的儿子——吉诺斯·斯潘塞·摩根。

第二章
进军欧洲
（1835年—1857年）

"富二代"也得自力更生

能被富豪皮博迪看中，吉诺斯·斯宾塞·摩根并非仅凭幸运。

1813年4月14日，吉诺斯出生在西斯普林菲尔德，这个独子的出生为整个家族带来了欢乐。但不久后，祖父小约瑟夫却去世了。接踵而来的两件事预示着家族未来的发展，父亲约瑟夫三世带着遗产从农场走向城市，吉诺斯的降生则开启了之后两代人为家族打造的辉煌时代。

吉诺斯从13岁开始，就被望子成龙的父亲送进私立学校读书。他先是在米德镇读书，后来又转学到东温泽，寄宿在学校中。

求学辛苦，除了感恩节等重要宗教节日之外，吉诺斯很少回家。对宗教节日的重视，早在迈尔斯·摩根时就形成了家族传统，此外即便是新年，都不能算家族的节日，比如约瑟夫三世在结婚之后不久的新年，就撇下新娘出去谈生意了。

约瑟夫三世并没有对吉诺斯娇生惯养。作为父亲，他是严格的，因为家族财产来之不易，不可能交给纨绔子弟。因此，他经常有意安排回家度假的吉诺斯去农庄干活。吉诺斯的母亲则设法偶尔带吉诺斯去长岛上避暑，那里的天气要比内陆凉快许多，也不用做农活。

时光荏苒，吉诺斯毕业了。在家庭环境的耳濡目染下，吉诺斯立志成为优秀的银行家和商人，而且要超越父亲。

那时，约瑟夫三世的生意已经做得顺风顺水，他完全可以让吉诺斯跟随

第二章　进军欧洲（1835年—1857年）

自己学习，但他想要让吉诺斯这只小鹰挣脱手臂、展翅高飞。1829年4月14日，是吉诺斯难忘的一天，16岁生日的当天，他被父亲送到波士顿的一家商行。这家商行在当地颇受尊敬，老板叫阿尔弗雷德·威尔斯。吉诺斯在这里当学徒，开始了他的从商生涯。

约瑟夫三世很牵挂儿子，有空时他会到波士顿探望吉诺斯。有时候，出差途中，他也会顺便来检查儿子的工作情况。那年秋天，约瑟夫三世还带上了女儿玛丽一块来到波士顿，一家人在波士顿开心游览，度过了美好的时光。

在商行中，吉诺斯逐渐褪去了身上的书生气。平时，他看起来挺严肃，受过正规教育的他，举止行为都有着良好的教养，再加上他很聪明干练，使得老板威尔斯很赏识他。从第二年开始，吉诺斯开始全面协助商行的管理，出差去纽约时，会顺道经过哈特福德探望父母。

除了生意圈之外，吉诺斯在波士顿慢慢也有了自己的朋友圈。每周的礼拜日，他会去位于霍里斯街的公理会教堂。这家教堂的牧师叫约翰·皮尔庞特，这位中年牧师很喜欢"研究"当时流行的骨相学。认识吉诺斯没多久，他就颇为神秘而赞许地说，吉诺斯那"头盖骨隆起的部分"就是他才华出众的象征。

吉诺斯很喜欢皮尔庞特牧师，因为他性格热情，不看重金钱，他强调社会责任，非常理想主义，这和摩根家族之前信奉勤劳致富、严谨保守、尊重现实的传统性格形成对比，开阔了吉诺斯的视野。不仅如此，和皮尔庞特牧师的交往还丰富了吉诺斯的社会经历，这帮助他学会如何接触和自己性格迥异的人，并与他们成为真正的朋友。

皮尔庞特家族不可小觑，其远祖是英国有名的贵族，约翰的祖父詹姆斯则是耶鲁大学的创办人之一。约翰从耶鲁毕业以后，还短暂地担任过耶鲁大学的校长。后来他改行当过律师，做过生意，缺乏经商才能的他经营的公司破产了，这让他对追逐金钱彻底失去兴趣，转而投身于宗教事业。他上了剑桥神学院，1819年成为霍里斯街教堂的牧师。

比家族历史更能触动吉诺斯的，是牧师的女儿朱丽叶·皮尔庞特，她性格恬静敏感，继承了母亲的美貌。年轻的吉诺斯坠入了爱河。恰好此时，商行老板威尔斯提出，当五年学徒期满之后，吉诺斯就可以考虑投资商行，成为初级合伙人。面对着爱情和事业的新希望，吉诺斯盘算起来：只要向朱丽叶求婚成功，他就能够从父亲那里获得婚礼资助，然后将之投入商行。一切就水到渠成了。

吉诺斯特地选择在1833年他20岁生日前一天回到家，诚恳地请求父亲帮助他加入商行。老谋深算的约瑟夫三世平静地听完，沉吟一会儿后说道："孩子，我想那只是因为威尔斯的生意需要现金，而不是你真的够资格做合伙人了。"父亲寥寥数语犹如一盆冷水，浇灭了吉诺斯的满腔热情。

事实证明，约瑟夫三世的判断没有错。没过多久，威尔斯就因为没有能力还债，而差一点儿要关掉公司了。吉诺斯经过此事，真正见识了父亲的睿智、老练。

幸好，爱情之花很快绽放，1834年朱丽叶答应了他的求婚。皮尔庞特一家和摩根一家都对这桩婚姻深表满意。

订婚之后，吉诺斯按照约瑟夫三世的建议，入职纽约的莫里斯·克查姆银行。银行老板克查姆，是摩根家哈特福德咖啡馆的老主顾，他在金融业上获利颇丰，纽约市中心有他的大厦，康涅狄格有他的夏季别墅，工作时，小职员围着他的办公桌奔忙……这些都让约瑟夫三世印象深刻。同时，克查姆相当欣赏约瑟夫三世的传统、严谨和守信，因此同意吉诺斯加入银行。

此后两年里，美国银行业发展迅速，许多银行都赚得盆满钵满。它们采用黄金投机的方法，将白银运到欧洲换购黄金，把黄金运到铸币厂铸币，然后再去美国购买更多白银。由于美国和欧洲金银价格的不同，这种生意获得

第二章 进军欧洲（1835年—1857年）

了暴利。直到1836年夏天开始，政府出手压制这样的投机行为，情况才有所改变。

身处纽约狂热的银行界，吉诺斯并没有为大赚而欢欣鼓舞，相反，纽约让吉诺斯心烦意乱。在他眼里，纽约有贫民窟、炎热的夏天、有轨车轰隆隆的声音和效率严重低下的排水系统，这里简直糟透了。他更喜欢舒适而优美的哈特福德、传统而规矩的波士顿。一有假期，他就会回到波士顿探望妻子，或到哈特福德向父亲倾吐烦忧。

1836年，约瑟夫三世到纽约解决火灾索赔问题时，吉诺斯又一次提出要求回乡。约瑟夫三世思考良久，觉得儿子可以独立了，便同意了。随后，他通过细致调查，选中了哈特福德的豪-马瑟织物贸易公司（以下简称豪-马瑟公司），然后向其投资10万美元，使儿子成为该公司的合伙人。这样，吉诺斯终于有了真正属于自己的事业。

对这样的起点，吉诺斯感到很高兴。在写给岳父的信中，他说："尽管我不能很快地发财致富，但这里比华尔街看起来更安全一点。"不久后他又写信说："只要我们感觉有一些实力了，并且资本有所增加，我们就会搬到纽约去。"

一个月后，吉诺斯喜上加喜，在波士顿老霍利斯街的教堂同朱丽叶·皮尔庞特结婚。到普罗维登斯度完蜜月之后，他们回到哈特福德，搬入市区以西的洛德山俄塞勒姆街26号房子中，和父母生活在一起。这年夏天，朱丽叶的姐姐、母亲和外祖母都来到这里小住，到8月份，朱丽叶向所有人宣布自己怀孕了。

1837年4月17日，吉诺斯的第一个孩子诞生了，这就是未来大名鼎鼎主宰时代的约翰·皮尔庞特·摩根。他长着一双乌黑的大眼睛，体格强壮，一如摩根家的其他男性。而最具特点的莫过于遗传自皮尔庞特家的大鼻子，一旦发怒，这鼻子就会发红，成为约翰·皮尔庞特·摩根一生的显著特征。

遗产在手闯天下

孩子一天天长大，吉诺斯却无法时常在家陪伴。经济危机的影响开始波及哈特福德，吉诺斯不得不出远门料理生意，豪-马瑟公司正面临着客户拖欠债款的危机。

整个夏天，妻子朱丽叶带着小皮尔庞特在波士顿的娘家度过。升级为爷爷后，约瑟夫三世经常出差到波士顿，每次都要来看望亲家、儿媳和可爱的小孙子。在这里，他会虔诚地聆听皮尔庞特牧师热情洋溢的演讲，包括最新的宗教理念、对国内时事的看法和在国外旅行疗养时的见闻。

到6月底，大部分债务问题终于解决了。吉诺斯回到了哈特福德，交接完公务，他匆忙地赶往波士顿看望朱丽叶和爱子。7月份，遵循严格的公理会礼仪，襁褓中的约翰·皮尔庞特·摩根正式在霍里斯大街教堂接受了外公的洗礼和命名。

这位家族最新成员的名字，在成年前很少被使用，因为名字太长。家人们的信函和日记里总是用其他名称称呼他，例如"吉诺斯的孩子""吉诺斯的宝贝""小摩根先生"和"JP阁下"，等等。吉诺斯夫妇对他的昵称是"巴布"，后来他的同学们则叫他"皮皮"。直到成年后写信时，他的名字才随着"约翰·皮尔庞特·摩根"的签名固定下来。

1838年，吉诺斯搬出父母家，他开始在劳德山的法明顿大街修建大房子和谷仓。年近六十的约瑟夫三世对此也很有兴致，他将新房子看作是给儿子和孙子的礼物。在1839年4月到8月的日记里，他不断地提到房子的进展情况：在吉诺斯住所周围移栽桃树、为新房子竖立标桩、建造畜舍、开挖地窖、建造地窖围墙、建房屋等。

但此时家族生意并不顺利，洪水冲走了康涅狄格河上的大桥，约瑟夫三世在建桥时投了不少钱进去；再加上风雪、火灾等灾害不断，让保险公司在下半年亏损了将近13万美元……即使如此，约瑟夫三世还是给建筑工人们发了丰厚的工资，希望他们能尽快建成儿子的新房。

这个麻烦的冬天终于过去了。1840年3月，吉诺斯夫妇终于搬进位于法明顿大街的新房。这是一座木质结构的两层楼房，在复斜式的屋顶上有着明亮的天窗，二楼是宽阔的开间，在那里，哈特福德的城区和周围的农田都能够一览无余。为了照料好这个家，吉诺斯雇了个园丁来打理花园，还有个女佣料理家务。约瑟夫三世则在整个春季都为孩子的新家忙碌，修建篱笆围墙、翻松土壤，然后种上草莓和各种树木。

有了稳定的家庭，吉诺斯在事业上一帆风顺，不久之后，家族又诞生了新成员，第二个孩子是女儿，取名莎拉；第三个孩子是女儿，取名玛丽；第四个孩子是男孩，取名吉诺斯二世。这些孩子们的到来给家里带来了更多生机，约瑟夫三世也喜欢带着孙子孙女们坐车去农庄玩耍，从和大自然的接触中积累更多生活的经验。

1845年，经济萧条结束，豪-马瑟公司果然挺了过来。在父亲的资助下，吉诺斯又在公司中追加了2.5万美元投资，此外，他也购买了多家银行、保险公司以及铁路公司的股份，顺利进入纽黑文和哈特福德铁路局担任董事。这个铁路局在五年前就开通了首次行驶在纽黑文和哈特福德之间的火车，时年3岁的皮尔庞特·摩根第一次开心地坐了火车。另外，这年秋天，吉诺斯还成为哈特福德火灾保险公司的董事，这源于他个人名声不断上升，当然，投资其中也是重要因素。

1846年秋天，吉诺斯把皮尔庞特·摩根送到了位于哈特福德和纽黑文之间的切希尔圣公会教会学校。但三个月之后，他就被接回了家，因为祖父约瑟夫三世病倒了。

约瑟夫三世笼统而真实的日记是长达数百页的生活记录，其中很少提到自己的健康状况。这一年开始后，他却在日记里不断抱怨自己的身体，在他67岁生日前不久，他写道，如果他的背疼和慢性消化不良得不到缓解的话，恐怕他这副老骨头就要完蛋了。

小皮尔庞特回家看望了祖父，然后度过圣诞节，被送到哈特福德郊外的帕维林家庭寄宿学校读书。4月17日，他的10岁生日到来，爷爷约瑟夫三世邀请所有的孙子们一起喝茶，但家人们并不知道，约瑟夫三世在日记中写下了这样的话："人生就像是一场赛跑，而我的比赛快要结束了。"

1847年7月23日，约瑟夫·摩根三世去世，享年67岁。

约瑟夫三世一生勤勉，去世前不久，他还在农场耕种土豆，并将干草运到市场出售。他年轻时几乎只是扛着锄头的农夫，依靠勤劳和智慧为家族开辟了事业大道。这条大道起初狭窄而日渐开阔，回首望去，那儿有他乘坐马车、火车和轮船的奔忙背影，有波士顿、华盛顿、纽约的城市景象……

最后的时光中，约瑟夫预感自己不久于人世，着手交代财产的分配和继承，他给子孙遗留下大概100万美元的财产。其中，大约有9.2万美元的房地产，其他的是在各个银行、轮船公司、运河公司、桥梁公司和两家铁路局里的股份，更重要的是他在安泰火灾保险公司里的大量资产——这些几乎是他后半生所有的心血。

这一年，吉诺斯·摩根34岁，儿子皮尔庞特·摩根才10岁，两人承担着失去至亲的痛楚。但未来可期，他们接手的除了一笔开创家业必不可少的财富，更有属于摩根家族特有的勇气、智慧和经验。

手握巨额遗产，作为新的家族领导者，吉诺斯必须做出抉择：未来何去何从？

波士顿的新家族

约瑟夫三世去世,全家人都沉浸在悲痛之中。但生活还要继续,吉诺斯最先肩负使命,他开始思考未来的出路。

客观地说,摩根家的地位并没有因为老爷子撒手人寰而下降,无论从哪个方面看,吉诺斯夫妇相比其上辈人都青出于蓝,吉诺斯那优雅而威风的气度与众不同,朱丽叶也同样保持着家传的贵族气质。除此之外,吉诺斯还想做出更大改变,他注意到,在家族产业中,农庄的象征意义大于实际意义,其利润不大,孩子们今后也不会务农,因此,即使农庄是勤劳的约瑟夫三世三十多年苦心经营的积累,也要尽早卖掉,否则将会不断荒芜,失去价值。随后,吉诺斯总共出售了100英亩农庄的土地,包括土地上的住房、谷仓和宅基地。为了尽快出售,他还允许买方用长期抵押贷款的方式来支付。

同时,吉诺斯将遗产中的大部分投入银行和证券业,这些投资确保他在不少公司的董事会中占有一席之地。由于他在豪-马瑟公司中不断积累的投资,让公司改名为马瑟-摩根公司。

但是,这些都不够。1850年夏天,吉诺斯在冥思苦想之后,展开寻根之旅,他要到欧洲去一趟,从祖先生活的故土山水中寻找思路。

这次寻根之旅,是从1636年摩根家族来到美洲之后,第一次有家庭成员返回欧陆。5月,吉诺斯从波士顿搭乘"美国"号轮船前往英国。随后,他在英国游历了三个多月,每到一个地方,他都把详细情形通过书信告诉儿子皮尔庞特。

他首先去了湖泊地区,参观了当地名人阿诺德牧师的故居,然后到安布赛德,寻访女作家哈丽雅特·马蒂诺的乡间小屋。著名诗人华兹华斯刚去世不久,吉诺斯特意来到格拉斯米尔,参观了他的墓地。在书信中,他告诉皮尔庞特："如果你仔细阅读华兹华斯和骚塞这两位诗人的著作，你就会知道我描述的这些地方，是他们经常提到的。"

游览一番后，吉诺斯按照事先计划去往伦敦，耳闻目睹这里悠久的历史、传统和稳定的制度，然后将之同草创的美洲大陆加以比较，不由得被深深触动。在伦敦，他目睹了英国历代君主加冕的宝座，又旁观了议会上院举行的《谷物法》辩论，并写信告诉皮尔庞特说："我见到他们，并听到他们的辩论，这非常有趣。"他还通过书信向皮尔庞特细致地描述景色，包括伦敦市区的金融中心、巴林公司、英格兰银行和皇家交易所，还有美国驻伦敦公使那"漂亮的房子，距离威灵顿公爵的住处不远，生活得自在极了"。

最让吉诺斯激动的，是亲眼见到在滑铁卢战胜了拿破仑的"铁公爵"阿瑟·韦尔斯利，他是吉诺斯最希望在英国见到的人。偶遇时，威灵顿公爵骑在马背上和别人谈话，让吉诺斯有机会一睹其风采。吉诺斯把这段经历高兴地写入信中和儿子分享，并称赞说"家中那幅威灵顿公爵的画像真是太棒了"。

在书信中，吉诺斯还不忘教导皮尔庞特，希望他能够懂得管理好自己的事务，因为他已经长大了。懂事的皮尔庞特则回信告诉父亲家中的所有情况。

三个月之后，吉诺斯从伦敦启程返美。这次访英之旅，让他增添了信心和勇气，更开阔了眼界、增添了人脉，在伦敦，他认识了不少银行家和企业家，也听闻了大名鼎鼎的皮博迪和那些说不完的逸闻趣事。在重新踏上美国土地之时，他已经决定，要建立比约瑟夫三世投资的公司更大的企业，要继续父亲的脚步，从哈特福德再走出去，走向更加广阔的未来。

接下来的四个月内，吉诺斯忙碌了一番，他退出了马瑟-摩根公司，开始筹划去往大城市发展。纽约是不在他的考虑范围内的，当初对纽约的恶劣印象始终未能消除，于是他将目标定在波士顿，在那里有不少摩根家的商业合作伙伴，其中还包括詹姆斯·毕比这样的生意上的熟人。毕比的生意做得很大，1849年，他的公司仅在国际贸易上的营业额就达到200万美元，而且他非常希望将贸易向伦敦方面扩大。

吉诺斯接触了毕比，随着交往日益频繁，他们的合作意向越来越明确。吉诺斯最终得以在毕比的进口批发公司参股，随着他的加入，公司改名为毕比-摩根公司，地点位于波士顿凯贝街，在1851年正式开张。

吉诺斯的家庭和工作陷入短期矛盾的旋涡中。每周一清晨，他就必须离开哈特福德，然后一直在波士顿忙生意，直到周末才能回家。妻子朱丽叶带着孩子们守在偌大的家中，显得孤单冷清，于是她不再住在新房子里，而是带上孩子，一起搬到了俄塞勒姆街的家，让孩子们和奶奶住在一起。

吉诺斯之所以暂时不让家人搬到波士顿，是希望先考察一段时间。他很快发现，自己能够融入新环境，因为他喜欢新的同事和客户。到3月份，他决定让全家都搬到波士顿，为此，他在距离公司几个门面的潘伯顿广场15号租了房子，除了大孩子们要上寄宿学校之外，小孩子们都跟着朱丽叶一起搬了过去。相比好奇的孩子们而言，朱丽叶更加高兴，因为波士顿是她的娘家。

吉诺斯放弃了家族从1839年就在教堂内保有的靠背长凳专座，在波士顿的保尔教堂订了一张专座，他还辞去了哈特福德火灾保险公司董事的职务，因为他无法同时兼顾。白天，他在公司办公室里认真工作，下班之后步行回家享受天伦之乐。

日子忙碌而平静，随着美国经济复苏和对外贸易扩大，吉诺斯主管的业务发展迅速，他不再是坐马车出差，而是经常乘船出远门，去开展棉花或其他商品的进出口生意。就这样，吉诺斯·摩根的名字终于传进了在伦敦的"美国人代表"皮博迪的耳中。

4月的一天，吉诺斯上班不久，听差走来，递上一张并不起眼的名片，说是有客人来访。吉诺斯一眼瞥去，看到了"乔治·皮博迪"，不由心中一动。吉诺斯早就听说过这位绅士的大名，三年前，他去伦敦访问，见了很多大人物，却一直苦于无缘拜会皮博迪，没想到，这次对方居然主动来访，这让吉诺斯有点受宠若惊。他知道，虽然自己在波士顿算个生意名人，但和这种能与罗斯柴尔德、巴林家族打交道的国际金融家相比，显然只能算作小辈。于是他连忙起身，亲自迎接皮博迪。

皮博迪来访，为的是一件大事——在英国举办美国工业展览会。这一年，令英国工商界瞩目的是在海德公园的大水晶宫内举办工业革命成果展览会，这次展览会受到王室的重视，意在炫耀工业革命的成就，改善公众对传统生产方式的无节制追求和模仿，展览会组织委员的主席是由维多利亚女王的丈夫阿尔伯特亲王担任的。热爱宣传美国的皮博迪听说此事后，坚决主张美国也应参加博览会，但美国国会对此不愿一试，他们不想花一分钱在所谓的展览上，负气的皮博迪决定自己掏钱，为美国人的展品租下展厅。

但问题是，只有空荡荡的展厅可不行，必须要说服美国工商业代表带着产品来参加。

为此，皮博迪频繁地奔波于英美两国，他说服了美国的塞勒斯·麦考密克去展览收割机，还有塞缪尔·柯尔特去展览他发明的转轮手枪，理查德·霍去展览他发明的印刷机，等等。除此以外，他还希望有棉花、纺织品、谷物这些农产品，而波士顿作为对外贸易最集中的港口，自然是他的考察重点。

皮博迪开口，吉诺斯马上全力以赴。在他的支持配合下，1851年5月，璀璨夺目的水晶宫中拉开展览会大幕时，美国成功参展。尽管没有产生轰动效应，但其中一些产品还是给人们留下深刻印象，连维多利亚女王在参观之后都特地指出，美国人的产品虽然"不那么有趣，却很富有创造力"。

事后，皮博迪大张旗鼓地设宴邀请两国政商人士，虽然美国参展的影响不如欧洲其他国家，但起码皮博迪的宴会让报纸好好地报道了一番。

在这次展览会的筹备过程中,皮博迪第一次和吉诺斯·摩根有了真正的接触,他发现这位吉诺斯倒是非常符合他的继承人的各项条件。于是1853年初,皮博迪通过书信透露邀请之意,但吉诺斯却拒绝了,他说,自己在波士顿还有不少生意未能了结,即使想要加入皮博迪的公司,恐怕也无法抽身。

皮博迪带着遗憾读完了吉诺斯的回信,之后,皮博迪在信中又一次提出邀请。这一次,吉诺斯决定带着妻子朱丽叶一起去伦敦探访他。

敢查皮博迪的账本

皮博迪看中吉诺斯,不是一时的心血来潮。外表上,吉诺斯给眼光老辣的皮博迪留下了深刻的印象:他看起来很年轻,超过6英尺的高大身材,英俊的四方脸,下巴匀称而前额宽阔,眼睛有着不一样的神采。头发虽有些许凌乱,但给人的感觉是他很洒脱。谈吐上,由于吉诺斯接受过学校的良好教育,读过古典作品,显得相当有修养和自信。

总之,吉诺斯在每个人眼中都是可以信赖的形象,皮博迪觉得,他既脚踏实地,又具有非凡的魅力。

当然,皮博迪不会只是"看脸"。早在写信邀请之前,皮博迪就对吉诺斯·摩根开展了细致而全面的调查,首先就询问了吉诺斯的合伙人毕比,毕比对其大加赞赏,称他是波士顿最优秀的商业人才。调查范围扩大,从英国的兰开夏到美国的新英格兰,几乎所有和吉诺斯有商业关系的人都对他给出了很高评价,这让皮博迪非常放心。

皮博迪还注意到,吉诺斯家庭美满,贤内助朱丽叶同样出身贵族世家,有着很好的教养和举止，能够在高层社交界构建良好的人脉资源，协助丈夫完成继承重任。

当一切确定下来之后，1853年5月，在皮博迪邀请下，吉诺斯夫妇来到伦敦。

夫妇两人在伦敦的生活迥然不同，白天，朱丽叶好奇而兴奋地游览着陌生的城市，吉诺斯则把时间花在皮博迪组织的商务会见上。终于，在5月初的一天下午，吉诺斯坐在皮博迪那简单朴素的办公室里，把话题转到了事业合伙与继承之事。

皮博迪诚恳地说道："吉诺斯，这些天你也看到了，伦敦有很多好机会，我希望你来与我合伙做生意。我感觉自己老了，打算在十年后退休，但那时生意需要有力的人来管理。如果到那时你没有积累起充分的资本，我可以把名字和一部分资金留给你，作为你个人事业的开端。另外，我很高兴地看到，你的夫人和家人都很喜欢这里，所以我真诚地希望，我的朋友，你能来我的公司与我合伙做生意。"

吉诺斯谦逊而平静地聆听着皮博迪的话，然后不慌不忙地说道："皮博迪先生，我非常荣幸能收到您这样的正式邀请，这些天来我对您的事业有了很多了解。不过在开展合作之前，我还是想详细地了解下您公司目前的账务，包括债权和债务、业务和运作方式，否则我不能给您答复。"

皮博迪原本期待着吉诺斯能欣然接受，也做好了被拒绝的思想准备，但他怎么也没想到，这位来自波士顿的商人在面对顶级银行家合伙的邀请时，居然还能从容地提出审核账务的要求。而且，他如此自然、合理地提出，让人难以拒绝。随后，皮博迪摇了摇桌上的铃，叫了公司的助理进来说："请把公司的账簿拿来，交给摩根先生过目。对，是全部的账簿。"说完，皮博迪满意地靠在了办公椅椅背上，打量着面前的吉诺斯，心里不由得想到："这样的继承人，不正是自己所需要的吗？"

第二章 进军欧洲（1835年—1857年）

对账目检查与核对之后，吉诺斯表面上不动声色，但内心暗自庆幸，公司的资本总额在45万英镑左右，业务档次在全欧洲仅低于罗斯柴尔德家族和巴林银行，他还有什么拒绝的理由呢？

吉诺斯同意合伙，皮博迪高兴地站起来，他伸出手，罕见地拥抱了一下吉诺斯："你做出的决定非常正确，摩根先生，你和你的家族将会因此受益匪浅。"

合作协议很快完成，吉诺斯·摩根将会负责管理公司中的进出口业务，具体而言，他负责将英国的货物出口到美国，同时还负责管理美国客户向英国发来的信贷和外汇业务。吉诺斯愉快地接受了皮博迪给出的建议，他感到，这和他在波士顿的生意非常接近。为表诚意，他答应皮博迪，会在1854年10月1日之前将整个家搬到伦敦。

摩根夫妇返回波士顿后，闻讯而来的亲友纷纷劝说吉诺斯不要到英国生活，但吉诺斯的决心从不因阻力动摇。他早早地把皮尔庞特和其他孩子送到奶奶那里，同时，将自己公司的股份出售，把圣保尔教堂的那个专座也售卖掉。经过半年多的准备，9月中旬，摩根一家人坐上了开往伦敦的轮船。

皮博迪早就翘首以待。此前，他热心地为摩根一家找住处，并写信告诉吉诺斯，他已经通过朋友在格罗夫那广场找到一所豪华的"宫殿"，位置非常好，一年的租金是1000美元。吉诺斯礼貌地说，希望能等全家到了伦敦后再看看。但看了豪宅后，吉诺斯委婉拒绝了，摩根家的人并不在意房子是否足够豪华，而是更重视事业和家庭能否兼顾。

吉诺斯很快租下了两套房子，一套在海德公园对面的高级住宅区，位于王子门街13号，是一幢五层小楼。这幢楼房在街道背后，入口的门廊通道有着古希腊爱奥尼亚式样的立柱，楼房第一层是新古典式的山墙，而底部则是科林斯风格的半露壁柱，在房檐檐口上，装饰着果实和花朵组成的雕刻。楼房的背后，从法国式的楼门穿过，可以看到缓缓的斜坡下有石砌台阶，通向不远处的大草坪，那里有着整个街区住户共同拥有的花园。而另一套房子是乡间别墅，位于罗汉普顿，适合孩子们休闲度假。

但吉诺斯自己很少度假，除了必要的社交活动，他全身心投入到生意中。作为从美国来的"新人"，他知道自己必须要比英国同事们更加刻苦才行。下面是他一天的工作日程。

每天早上十点，吉诺斯会来到位于百老汇街的办公室，和皮博迪办公到中午。在简单的午饭之后，下午一点左右，吉诺斯会接待客户或来访者，或者处理具体的业务工作。有时候，他还会去伦敦交易所观察了解各种行情，一直到三点钟交易所关门，才会继续回到办公室工作。到下午四点，一天的工作才算基本结束。如果有什么临时的紧急生意，吉诺斯还要在回家之后继续忙碌到深夜。

皮博迪欣喜地意识到自己没有选错人，吉诺斯适应得很快。头几年，他们的生意业绩也相当不错，现在的大环境和皮博迪初来这里推销马里兰州债券时相比，已经好转许多，美国的商业形象日渐提高。同时，受克里米亚战争影响，美国粮食的价格在欧洲不断上涨，运输粮食的西部铁路迅速发展，铁路投资类股票的价格猛涨。作为美国股票在欧洲的主要经销商，皮博迪的公司从中大赚了一笔。

但是，经济上的丰厚回报并没有拉近吉诺斯和皮博迪之间的交情。吉诺斯慢慢发现，离皮博迪越近的人，和他越是难以相处。从今天人们可以看到的资料来看，情况的确如此，这些资料大都是摩根全家回美国度假时，两个人之间的商务信函。和普通那种认识了几年的朋友们不同，双方的书信都显得官方、正式、一板一眼，连一句玩笑话都没有。在每封信的开头，吉诺斯按照惯例象征性地问问皮博迪的身体健康状况，他称呼对方为"尊敬的先生"，并在信件末尾整整齐齐地签署全名"J.S.摩根"，流露出刻意而冰冷的尊敬。

第二章 进军欧洲（1835年—1857年）

最初的合作蜜月期结束后，生意也开始遇到了麻烦。1856年，克里米亚战争宣告结束，欧洲经济开始复苏。1857年，美国又一次发生严重经济危机，而这次危机影响到了皮博迪的公司。

寻根溯源，这次危机的发生原因远在安德鲁·杰克逊总统执政期间。当时，他废除了联邦银行，仅仅保留各州银行，每家银行又都有权发行货币，结果这些州银行为了自家利益，大量发行缺乏信用担保的银行债券，直接促成了经济危机。另外，在克里米亚战争爆发初期，美国的小麦、棉花价格一路上涨，在加州发现金矿的消息也让淘金热席卷全美，导致全美国许多怀揣发财梦想的人都向西而去，整个西部迅速掀起开发热潮：成千上万英亩的土地都得到了开垦与耕种，在那些原本是不毛之地的边疆地区，许多新的城镇拔地而起，商人们大量贷款投入新的开发建设，为了适应膨胀的运输需要，铁路网则蔓延向四面八方。

当时，几乎每个前往西部的美国公民都带着赌徒即将得手般的兴奋感，原本在东部年收入不到500美元的农户，到了西部也买得起大片的土地，并迅速从农产品交易中赚得丰厚收入。而在东部的证券交易所中，国债、州债和运河、铁路的股票被交易者们炒得火热……

但是，当克里米亚战争结束之后，繁荣的泡沫开始破裂，小麦价格一路下滑，有的农民因此而破产，银行也因为借款人无法偿还贷款而受到影响。从1857年下半年开始，一连串的倒闭风潮开始了。到年底，将近900多家银行与公司倒闭，许多工厂无力支付票据或贷款，铁路上空空荡荡，没有货物能够运输，导致铁路公司随之破产。

消息传到英国，投资者们开始抛售美国债券，皮博迪不得不出手收购，因为如果任由这些看空投资者抛售下去，损失将会越来越大，而更加严重的是，美国投资项目将会在英国再一次失去信用。

为了买进被抛售的债券，皮博迪公司不得不调动大量现金收购，然后到大西洋彼岸的美国尽力抛出。当时，美国在英国销售的债券价值总计大概3200万英镑，皮博迪和吉诺斯每天需要大概拿出80万英镑来购买市场上的债券，纽约那些原本支持他们的银行，已经开始用资金短缺的理由向他们表示"爱莫能助"。

伦敦开始流传起谣言，说皮博迪公司倒闭在即。事实上，情况的确越来越坏，在吉诺斯的办公室里，到处堆着的都是收购来的债券，这些债券随时都有可能因为公司财力告罄而变成废纸。

皮博迪很是焦躁，他偷偷向伦敦的几家私人银行请求援助，希望能够借到贷款，帮助自己继续购入市场抛售的美国债券。但不难想象，伦敦银行家们是多么幸灾乐祸。他们提出严苛要求，说他们可以提供帮助，但前提是，皮博迪必须要在一年内结束在伦敦的所有银行业务，迅速返回美国。

皮博迪断然拒绝，"他表现得像头受伤的狮子"，事已至此，吉诺斯也只能秉持同样的态度，他们两人面临着连私人财产也要拿出来抵押的窘境。

在吉诺斯·摩根看来，除非发生奇迹，自己乃至整个家族一直以来的努力，即将付诸东流。幸而，奇迹最终发生了。

金融新星，冉冉升起

1834年，在一艘轮船上，乔治·皮博迪和英国人小汤普森·汉基认识了，他们聊得很投机。后来，汉基娶了美国姑娘为妻，两人的友谊也愈加亲密。

时过境迁，当皮博迪的事业遇到最大危机时，他想到了老友。小汤普森·汉基此时已经成了英格兰银行行长，完全有能力出手相助。由此，皮博迪还取得了巴林家族的鼎力相助。有了这样的力量，皮博迪得以在英国政府中组织人四处游说，说服议员们同意修改《银行法》。最终，英格兰银行同意借给皮博迪公司80万英镑，以帮助他渡过难关。

英格兰银行出手的消息一传到美国，那些原本宣称支付有困难的纽约银行家突然改变态度。他们立即表示，要贷款，没问题，马上就发出汇票，还纷纷表示打算收购皮博迪和吉诺斯手中的债券。这些援手的背后虽然是赤裸裸的出于利益的考虑，但无疑使皮博迪的公司快速走出了困境。

当皮博迪的公司走出危机之后，美国的海外债券问题也同时得到了解决，一场可能引起华尔街大恐慌的危机终于被化解。

在这次危机后，吉诺斯开始变得更加谨慎。以前，他出于尊重、信任，并不查看美国代理商的对账单，但现在，即使美国商人会反感，他也要坚持直接检查账目。

同时，吉诺斯的家庭生活也碰到些问题：妻子朱丽叶好不容易习惯了伦敦生活，却无法忍受这种枯燥的环境。波士顿到处都有她的亲朋故友，伦敦虽然满眼繁华，她却无法和保守的英国女性们成为朋友，因为英国人本来就不太欢迎"另类的美国人"来做邻居。再加上这里出名的潮湿雾霾天气，严重影响了朱丽叶的健康。她身体本就不算健康，不仅有慢性病，还有发作后即疼痛的玫瑰糠疹，在伦敦熬过两个冬天后，她的病情变得更加糟糕了。

朱丽叶忍无可忍，决定独自返回美国，在儿子皮尔庞特·摩根的陪伴下，她在利物浦港口登上"波罗的海"轮船。早在朱丽叶动身之前，乔治·皮博迪也回到了美国。这一次，是他在告别故土20多年之后的重返。在他回国休息了一段时间后，丹佛市市政厅为他举行了盛大宴会，社会各界名流包括马萨诸塞州的州长、波士顿市市长、哈佛大学的校长、慈善家和银行家们都在场，刚回国不久的朱丽叶也在父亲陪伴下出席了。

合伙人和妻子都回国了，留在伦敦的吉诺斯承担起了事业和家庭的重担。就这样，夫妻两人在远隔万里的伦敦和哈特福德各自度过了新年。

经济危机后，吉诺斯迎来了事业的新生。虽然英国人依然将他们的公司称为乔治·皮博迪公司，但政商圈子里的人都知道，吉诺斯也是这家公司的主宰者之一。随着吉诺斯影响力的提升，摩根家在罗汉普顿的别墅，也几乎成了英国金融界最著名的乡间聚会场所。这是一栋有着佐治亚风格的大别墅：房前有块平整开阔的草坪，在草坪上能够眺望到远方的泰晤士山谷和河对面的哈罗小学。在别墅不远处，吉诺斯建立了一个小农庄，农庄里有马厩、谷仓、种植蔬菜的玻璃暖房，另外还有一个牛奶场。似乎是怀念哈特福德的幸福日子，吉诺斯不断购进土地，直到这块土地面积达92英亩。

除了日常度假之外，吉诺斯经常受皮博迪委托，在别墅中设宴或举办娱乐晚会，款待来自英美两国的朋友。别墅经常莺歌燕舞，热闹非凡。

快乐令人如此沉醉，谁也没料到不幸会突然降临。1858年春天，吉诺斯最小的儿子小吉诺斯·摩根在伦敦得了急症。朱丽叶接到消息赶回伦敦时，可怜的孩子已经夭折。丧子之痛让朱丽叶开始了深居简出的生活，她不再参加商业或社交活动，春天和夏天她隐居在乡间别墅，冬天则把自己关在王子门街的五层小楼里。

吉诺斯同样为幼子离世而悲伤，可身为男人和一家之主，他没有办法像妻子一样隐居伤怀。事业不能离人，吉诺斯只好把悲伤变成动力，全身心投入工作中。

转眼到了1861年，美国南北战争爆发了。

在南北战争初期，生意面临的压力迅速增大，皮博迪只好延迟原定的退休计划，尽管生意实际上已经交给了吉诺斯掌管。

当时，英国人对这场战争的看法是很微妙的。表面上，许多英国人反对奴隶制，但内心中，他们更倾向于南方那些为了保留原有生活方式的"绅士

第二章 进军欧洲（1835年—1857年）

们"所进行的战斗，更不用说英国和南方诸州还有着棉花贸易。

作为美国人，皮博迪和吉诺斯都对北方的政府军全力支持，不光是因为政治信念，也是为了他们的生意。在财政上，他们全力支持北方政府，公司在伦敦销售美国政府的债券，但是前线战事的胶着，加上英国银行家们对南方或明或暗的同情，使皮博迪手中的债券销售遇阻，他们不得不低价卖出，或者用自己掌握的户头去买回那些滞销的债券。

这样的努力坚持终于带来巨大回报。在战争持续的几年中，北方政府发行的债券在英国市场上的价格起起伏伏，整个战争期间，债券的价格从来没有超过其原有面值，反而经常跌得一塌糊涂。最终，初期不被看好的北方人获得了战争的胜利，那些在最低点买进美国债券的投资者欣喜地看到，自己手中的债券价格涨了一倍以上。

皮博迪和吉诺斯在战争一开始就坚决支持北方政府，同时还不断购买北方各州的战争债券。他们从中赚到了巨额的利润。

1864年，很快到了皮博迪和吉诺斯当初立下十年合作协议的日子。这时候，皮博迪已经年近七十，按照他当初的诺言，吉诺斯将能够使用他的名字继续经营公司，并且还可能得到其赞助的资金。但问题是，皮博迪并没有履行诺言，他提出希望将自己的名字从金融业中抹去，然后放入慈善事业的荣誉史册中。

按照摩根家族后来的记述，对吉诺斯·摩根来说，一生中最失望的事情，就是当时皮博迪拒绝让他继续使用原公司的名字。不过，吉诺斯在这次合作中总体上是受益匪浅的，十年中虽然经历过多次风波，但他足足挣到了将近45万英镑的分红，另外还继承了这家在伦敦首屈一指的美国银行。这些足以弥补皮博迪对他的刻薄、小气和冷淡。

1869年，乔治·皮博迪寿终正寝，享年74岁。英国政府遵照他的遗愿，将他的遗体送回了美国安葬。在他的故乡，皮尔庞特·摩根安排了葬礼，他建议英美两国的士兵在这位金融巨头的棺材后携手前进,象征他一生为两国做出的贡献。

此时,皮博迪留在伦敦的遗产,已经完全被吉诺斯获取,这就是J.S.摩根公司。

第三章
父子联手
(1857年—1867年)

少年心事当拏云

摩根家族的家族哲学代代相传。正如一位记者所写："摩根家族的人一向信奉并遵循着绝对的专制,吉诺斯·摩根在世的时候始终控制着家庭和事业——包括他的儿子和合伙人。"父亲宛如一颗巨大的"恒星",为儿子预设了生活和事业发展的轨迹。

约翰·皮尔庞特·摩根出生于1837年,他融合了父母家族各自的性格基因,表现出激情和理性的矛盾统一:终生和金钱打交道,却有如学者般孤高狷介;为家族利益奋斗终身,但从未忘记祖国和社会;为债券和贷款而奋斗,看似俗不可耐,但以其品位支撑的私人艺术收藏令人惊叹……

皮尔庞特是幸运的,他从未被贫困阴影所笼罩,自然无须处心积虑地获得尊重,也不用忙于粉饰"第一桶金"的来源。恰恰相反,摩根家族始终富裕而传统,尤其重视对下一代的教导,在确保子女生活舒适的同时,重视文化传承,皮尔庞特因此成为家族传统的最大受益者。

父亲的影响最为重要,虽然吉诺斯一心想要开创事业,但将子女教育看得极为重要,在日记里他写道:"教育孩子是非常重要的,孩子们将来会成为父母的幸福还是祸害,都取决于教育。"为此,吉诺斯把皮尔庞特转到外地的寄宿学校上学,希望他能独立。但由于身体时好时坏,皮尔庞特养病时只能回到哈特福德的学校上学,包括巴韦林私立学校、霍普金斯语法学校,等等。就这样,皮尔庞特断断续续地念完了小学课程。

第三章　父子联手（1857年—1867年）

吉诺斯的家庭教育更不轻松。这一点从1848年4月11日吉诺斯写给岳父的信中可以看出。在信的开头他就写道："……他需要有些约束，希望您能给他每天安排一定时间，读读书，别忘了学习……"不到一周之后就是皮尔庞特11岁的生日，吉诺斯又写了一封信给儿子，可是只字未提生日，只是叮嘱儿子继续认真学习，并说道："在你的上封信中，我看到一些拼写错误，我希望下次不要再犯这样的错误了。"

和许多新教徒家庭一样，吉诺斯认为男孩子童年不能只顾玩耍，而是要为成年履行责任奠定基础，他们应该学会吃苦耐劳、谨慎诚实，等等。这些都是构筑"美国梦"的基础。

除此之外，学业与社会实践也被吉诺斯看重。有机会，他就带上儿子一起商务旅行，让他到公司实习，或者亲自教授他有关政治、历史、商业和数学方面的知识。好几次，父子俩花费几个小时研究一道数学题目，吉诺斯发现儿子的答案和书本上不同，结果证明儿子是对的。

为了教育儿子，摩根家还买了许多书籍，在皮尔庞特7岁时，吉诺斯就送给他一本名为《马克·保罗知识海洋历险记》的儿童读物，讲述的是主人公在伊利运河上探求知识并获得奖赏的故事，这本书激发了皮尔庞特的求知欲望；1845年，朱丽叶则送给他一本乔治·华盛顿的传记，作者是位牧师，虽然他对华盛顿的看法不可避免地带有时代的局限性，但其中描写这位美国首任总统工作的勤勉、做人的自律和对世事的通透，都深深影响了皮尔庞特。

1848年秋，皮尔庞特按照父亲的意愿转学到哈特福德公立中学。虽然家教严格，但根据同学们的回忆，那时候的他总是随心所欲，没有什么规矩，也不吸取教训，而且喜欢扮演领袖人物。皮尔庞特将来动辄进行大手笔的金融操作的性格此时也隐约显现。

此时，和他共同担任"领袖"角色的是他的表哥詹姆斯·吉诺斯·古德温。兄弟两人关系很好，总是一起行动，有时会设法爬到附近的德雷柏女子学校外的大树上，和教学楼三楼的女孩聊天。

不过，愉快的日子很快结束。1851年新年之后，皮尔庞特跟随父母转学到波士顿英语高中，14岁的皮尔庞特不再调皮捣蛋，开始关注严肃的公共话题。这年春假时，他还旁观哈特福德市市政厅的会议。州政府选举日那天，他一天都泡在报社，希望能尽快获得选举结果的消息。

从1850年开始，皮尔庞特就坚持记日记。他记录下每天发生的各种事件，其中对生活秩序的关注表现出他良好的自我控制能力。在日记的每一页上，他都会写下当年已经过去多少天、剩余多少天。1851年年底，他将自己从1月到7月居住过的地方加以整理列表，共列出了17个。后来，他还把每年的收入、支出全都记录下来，收信、寄信花费的邮资也一点不漏地记下来。这样做也有客观原因，虽然家境富裕，但父亲每周只给他25美分的零用钱，皮尔庞特必须精打细算。

除了写日记，在公司里的实习对他也有很大帮助。他学习整理账务和抄写信件，把美元按照利率折算成英镑，估算公司利润，再计算给股东的分红。

皮尔庞特远离了无忧无虑的玩耍时光，但他和表哥詹姆斯的友谊依然牢固，两个男孩通过信件来往成立了"古德温和摩根贸易公司"，公司"业务"很简单：由摩根在波士顿订购鞋子、版画、书籍之类的商品，然后不加价转手给表哥古德温。作为交换，表哥需要提供哈特福德的一切详细信息给摩根，当然，德雷柏女子学校的情况尤其重要。

1852年，皮尔庞特再次生病了，这次他患了风湿热，大腿和膝盖因为炎症而疼痛异常。父母决定让他好好休养一番，吉诺斯和查尔斯·W.达布尼船长约定，由他带着皮尔庞特出海，去温暖的亚速尔群岛疗养。

在亚热带的小岛上，皮尔庞特寂寞地生活了将近一年的时间，直到身体恢复健康后，他又回到了波士顿继续自己的学业。

1854年，皮尔庞特·摩根因为成绩位列全班第三名，被评为"优秀男生"，并得以在毕业典礼上宣读论文。这篇论文是围绕拿破仑而作的，和同时代许多年轻人一样，皮尔庞特崇拜拿破仑，盛赞他是传奇式的历史人物。

"在前进的道路上，似乎没有什么不可逾越的障碍。"皮尔庞特·摩根如是写道，"他也许可以被打败，但是，他绝不会因为失去耐心而在困难面前退缩，绝不会因为胆怯，而逃避任何危险。"

带着这样的英雄情结，皮尔庞特正式步入成年生涯。

游学经历

离开美国之前，皮尔庞特和表哥一块儿出门旅游，他们从纽约出发，顺着新伊利铁路抵达布法罗，然后一路经过尼亚加拉、奥尔巴尼、萨拉托加、乔治湖。随后他们还想到缅因州去，但在佛蒙特的时候，旅费已经所剩无几，两个年轻人节约着每一分钱，好不容易到了波特兰，然后乘坐汽船回到波士顿。在这最后的旅途中，他们没钱购买卧铺票，只好通宵在船上坐着等待天明。

到波士顿之后，皮尔庞特身无分文，只好寻到父亲公司的办事处去拿回哈特福德的路费。这是皮尔庞特出生以来第一次感受到缺钱的压力。

这次旅行犹如对美国的告别，等全家人搬到英国后，皮尔庞特被安排到瑞士的辛利吉学院读书，父亲认为欧洲大陆能给他带来更多有益影响。

辛利吉学院位于拉图尔德佩，为外国学生提供留学预备课程。处于青春期的皮尔庞特在这里可不是什么乖学生，他偷偷吸烟、在课堂上喜欢和老师顶嘴……但在写往伦敦的信件中，他却叫苦不迭，说这里是没有开化的乡村。

1856年4月，吉诺斯决定让儿子正式进入德国哥廷根大学。这所学校由英国国王乔治二世创建，数学和自然科学课程很出名，学校被罗斯柴尔德、巴林等银行集团控制，所以也很看重国际金融和商务能力方面的教育。

到学校之后，皮尔庞特很快发现，哥廷根大学和辛利吉学院完全不同。这里是个不折不扣的贵族大学，每年都有来自欧美数以百计的豪门子弟进入学校。不过，虽然地位并不突出，但皮尔庞特衣着讲究、自信十足、相貌英俊，受到广泛好评。他很快加入了学生社团，经常和来自不同国家的同学在莱茵河河畔散步，畅谈对社会的看法，频繁的社交让其得以维持对烟酒的嗜好。

在这里，皮尔庞特非常用功，他选了哲学课，到夏天又选了几何学和化学课，每天他都会花费几个小时待在学院的图书馆里，在知识的海洋中畅游。让他感到有挑战性的是德语，尽管感到很难，他还是发誓要在六个月之内掌握这门语言，对此，皮尔庞特在给朋友的信中写道："……要么沉下去，要么就要向前游，就像生存或者死亡，我必须做出选择。"

这一年11月，当父亲来学校时，父子两人已经能够就美国政治和国际贸易进行相当深刻的讨论了，他们意见一致地支持共和党，反对奴隶制。从信仰和生意来看，这都是必需的。

时光如梭，在六个月的艰苦学习之后，皮尔庞特果然掌握了德语。到1856年8月，他从威斯巴登港出发，搭乘轮船回到伦敦。

眼见孩子的学业即将结束，他却还没有完全规划好孩子的未来，不免让吉诺斯向朋友们诉苦说："我简直不知道怎么对付皮尔庞特。"吉诺斯还认

第三章 父子联手（1857年—1867年）

定，这孩子需要建立强烈的责任感。

当皮尔庞特回到伦敦后不久，吉诺斯找他认真地谈了一次。父亲语重心长地告诉血气方刚的年轻人："如果我不中用了，你是家里那个唯一能够想办法拿主意的人，我希望你能够牢记自己必须承担的责任，不论什么时候，当责任落到你的肩膀上，你就要准备好承担并履行责任。"

对皮尔庞特来说，其肩负的责任是与生俱来的。许多大金融企业都在以家族方式代代延续，罗斯柴尔德、巴林这些企业之所以强大，就在于对继承人的教导和挑选上。

9月，皮尔庞特将母亲送上返回美国的轮船后，他每天都到皮博迪的公司，帮忙整理商务资料。10月，他重新回到学校，在那里继续学习了三个月。

1857年上半年，皮尔庞特即将毕业，此时他已经能够流利使用法语和德语。在校期间，他满满一箱子私人物品遭遇偷窃，皮尔庞特用纯正的德语向法庭提供了证据。另外，他的数学成绩尤其突出，教授乌尔里奇先生建议他留校，最多再过一年，他就能被聘为助教，而且今后很有可能在数学研究领域取得一定成就。

可皮尔庞特决定走经商的道路。如果他真的听从教授的建议，那么很可能世界上会多一位数学研究者，金融历史上则会少一位划时代的杰出人物。但无论如何，皮尔庞特对此感到自豪，后来常提起这件事情。

毕业前，皮尔庞特开始在欧洲南部旅行，在罗马，他玩了一个月时间，然后打算去更遥远的中国旅游，只是因为生病才放弃。

7月，吉诺斯写信召回儿子，为他安排了第一份正式工作。

从公司新人做起

此时,美国经济已经从19世纪40年代发生的经济萧条中渐渐恢复,商业和交通业迅猛发展。

吉诺斯高兴地评论说,没有人能想到美国的资本能够有如此令人惊喜的增长,总有那么一天,美国人不需要关注英格兰银行的汇率了。

的确,这次高速增长的发起点是华尔街,而不再是以贸易为主的费城或者波士顿。从19世纪50年代开始,纽约证券交易所的交易投机潜力开始释放,一周之内的股票交易数量高达上百万股,而在20年前,交易量只能达到一千股。美国平民的赚钱野心现在慢慢崛起于股市中。

皮尔庞特进入的正是华尔街上一家叫作"邓肯-舍曼"的投资公司,其中高级合伙人名叫威廉·沃茨·舍曼。他早就认识吉诺斯,还曾写信给皮博迪说:"尊敬的阁下,您可真是幸运,或者就是您的老谋深算,否则又是什么让您能找到这样一位人物作为合伙人?"公司的另一名合伙人名叫斯科特曼·亚历山大·邓肯,传闻他的家产总计在400万美元左右。

皮博迪欣赏这两个人,不仅给予他们无限信贷的特权,还看好这家公司的未来发展。为此,吉诺斯才安排皮尔庞特到"邓肯-舍曼"的公司,去做普通的办事员,而且不拿薪水。

舍曼先生在给皮博迪的信件中这样评论:"这是为了让他在美国的银行业务中得到训练,我觉得,他是很有希望的年轻人。"

7月底,皮尔庞特和舍曼夫妇一起乘船去美国,起航前,吉诺斯让人送来便条,叮嘱他仔细检查身边携带的各种文件是否安全。说到未来,他语重心长:"我希望你能认识到,你现在迈出的这一步是何等重要,它将对你以后的生活产生多么巨大的影响。你自己要保重,要好自为之,请向舍曼夫妇问

第三章 父子联手（1857年—1867年）

好。后会有期，上帝祝福你，关爱你的父亲会一直为你祈祷。"纽约，是北美最大而文化种类最为复杂的城市，富有与众不同的吸引力，它和波士顿、费城以及南方的种植园完全不同，居民是来自各国的后裔，充满活力，有多种多样的语言、优良的商业传统，人口众多。一到纽约，皮尔庞特就爱上了这里，他决定将这里当成自己未来的精神家园。从哈特福德看望母亲和奶奶回来之后，他就开始了自己的工作，每天早上，皮尔庞特会乘坐公共马车或者步行，从第17大街穿过百老汇大街，到"邓肯-舍曼"公司的写字楼去，那栋大楼位于拉索路口松树大街11号，东面是纽约证券交易所，西面则是高大的圣三一大教堂。

皮尔庞特工作认真，他在查尔斯·达布尼的指导下工作。达布尼先生是公司合伙人，会计业务能力出众，他教导皮尔庞特记录账务、核算成本，皮尔庞特的数学很好，进步神速，让达布尼先生很满意。原本皮尔庞特能就此得到更进一步的发展，但金融恐慌的发生让吉诺斯在伦敦的生意受到很大影响。出于对父亲的体谅，皮尔庞特没有提起担任新的职务，只是提出自己解决日用开支。

1858年春天，英格兰银行出手，皮博迪公司终于闯过了最艰难的时刻。吉诺斯得以腾出手来写信给邓肯，建议他让皮尔庞特参与一些棉花贸易业务，于是这年冬天，公司委派皮尔庞特去古巴哈瓦那采购棉花。

在古巴，皮尔庞特第一次感受到亚热带的温暖气候，他不断拜访代理商，听取贸易报告。除此之外，他时常一个人来到码头，观看船只装卸货物，了解烟草、鱼虾、贝类和砂糖的行情。

从古巴回到美国之后，皮尔庞特做了一件"出格"的事情。

他先是向公司提出去新奥尔良，打算学习如何做棉花生意。这个主动请求获得了公司的同意。

新奥尔良有著名的港口，大包棉花从南方种植园运输而来，再顺着密西西比河和支流运向海港，出口各国。皮尔庞特喜欢这种忙碌的景象，也找机会和不同的船长们打交道、聊生意。

有一天午后，皮尔庞特从法国大街走过，刚在码头站定一会儿，就有人从背后说道："想买咖啡吗？"皮尔庞特回头一看，对方是位饱经世故的船长。两人攀谈起来。原来，船长受人委托，从巴西咖啡商那里运来一船咖啡，说好在新奥尔良交接，可是万万没想到，买主出了问题，船长只好自己推销。

船长坦率地说，他不希望久困此处，只要将咖啡卖出去，不亏本就行。

皮尔庞特顿时大感兴趣，他马上提出去看货，来到船上之后，展现在他眼前的是一袋袋精品咖啡，皮尔庞特决定购买。但他提出要求，船长必须先给他一点样品去推销，船长欣然同意。

新奥尔良的客户们看过样品，纷纷称赞东西不错并愿意购买，也有人劝他说，江湖险恶，虽然样品很好，但谁也不能保证舱内咖啡和样品都相同，类似的骗局早就屡见不鲜。但皮尔庞特相信自己的观察和判断，他大胆地以"邓肯-舍曼"公司的名义，调动资金买下了这船咖啡，并通过电报将简要情况汇报给纽约。

这种擅自做主的行动让公司上层很不高兴，不仅指责他，还要求他尽快偿还货款。皮尔庞特只好发电报给父亲，由父亲调动资金填补。果然，那些咖啡的质量很好，短短24小时全部脱手，他赚到了几千美元。

这次生意成功后，在船长的介绍下，皮尔庞特自己又做了几次咖啡生意。当时，由于巴西气候发生变化，咖啡因此减产，价格猛涨了两三倍，皮尔庞特赚了一笔不小的钱。

身陷步枪丑闻

皮尔庞特的擅自做主虽然赚到不少钱，却影响了他在公司的发展。不久之后，当吉诺斯提出由自己出资让儿子成为合伙人时，邓肯毫不犹豫地拒绝了，他表示可以给皮尔庞特一份薪水，让他继续在公司工作，但不能合伙。

邓肯这样决定也无可厚非，毕竟每家公司都有自己的传统与文化，皮尔庞特此时的冒险投机气质决定了他无缘合伙。皮尔庞特坚持说，他不愿再当学徒了。

1860年，皮尔庞特离开"邓肯-舍曼"公司的时候，还不足24岁，他身体健康、精力旺盛。他开了个办事处，担任父亲和皮博迪在纽约的金融业务代理人。那年冬天，南部诸州一个接一个地宣布退出联邦，到了第二年春天，美国南北战争正式打响。虽然许多人希望双方能够坐下来谈判，但战争规模越打越大，军队人数不断增加。战前的美国正规陆军只有1.6万人，而布尔战役中的参战总人数就达到了3万多。

兵员增加，武器供不应求，军火商坐地起价，喜欢投机的皮尔庞特也很快卷入这样的交易中。

交易起源于为联邦政府购买军火的亚瑟·伊斯曼。他了解到华盛顿陆军总部的枪械仓库中有5000支老式霍尔步枪，这些枪性能落后，全都闲置在几乎发霉的木箱子里，但此时，联邦军队奇缺武器，伊斯曼觉得就算是这些枪也一样能卖得出去，他建议政府说，这些枪虽然老旧，其实性能不错，只要稍加改造，一定能够派上用场。

负责采购军火的官员没有同意，但授予伊斯曼个人购买这批枪支的权力。抓住机会的伊斯曼很快和陆军总部签订了协议，以每支枪3.5美元的价格收购，在90天之后付款提货。

订单签好之后，伊斯曼就到处兜售这批枪支，直到快要提货时也没能找到买家，心灰意冷的他没钱购买枪支，只好将这张合同转给纽约一位叫作西蒙·史蒂文斯的投机商。

史蒂文斯也苦于无钱付款，于是他同样玩起了"空手套白狼"，答应用每支枪11.5美元的价格买下。至于寻找买家的事也没有难倒史蒂文斯，他写信给约翰·弗莱蒙特少将——刚被任命的联邦西部军司令，很快，合同签订，5000支枪以22美元的单价卖出。但弗莱蒙特说，这批老式步枪必须要加上来复线，否则无法使用，改装费可以由军队来出，但史蒂文斯需要负责改装到位，不然他一分钱也不付。

这意味着，史蒂文斯还是需要先付出2万美元把枪从陆军总部提出来改装，这2万美元要到哪里去找呢？想来想去，史蒂文斯想到了小时候就认识的皮尔庞特·摩根。

史蒂文斯找到皮尔庞特，故意省略了部分事实，他说，贷款是为了买政府淘汰的步枪。皮尔庞特没有仔细询问交易的详细情况，加上他的婚期越来越近，事务繁多，恐怕皮尔庞特也失去了冷静的观察和判断力。但就算他知道步枪还是要卖回给军队，恐怕也不会有多少顾虑，当时大发战争财的人并不在少数，所有商人都在盼望利用时局赚上一笔，皮尔庞特只是其中的一员。他最终贷款给对方2万美元，收取的利息是7%，加上4500美元的代理费。

天有不测风云，六周以后，枪械的改装出了问题，只有一半的枪支被改装完成，加上弗莱蒙特少将听说，国会要调查带有欺骗性质的军火采购合同，越发催促交易尽快完成。为此，史蒂文斯又跑来找皮尔庞特，借剩下的3.75万美元去付给亚瑟·伊斯曼，以继续提出枪支，对此，皮尔庞特断然拒绝了，而且不耐烦地提出要对方偿还贷款。

9月14日，皮尔庞特从弗莱蒙特少将那里拿回了55000美元，其中包括本金2万美元加上利息和一些利润。这笔生意虽然是赚了，却让皮尔庞特在不远的未来陷入麻烦之中。

由于没办法拿到贷款，史蒂文斯只好通过别人辗转被介绍给莫里斯·克查姆，他是商业银行的高级合伙人。在史蒂文斯再一次花言巧语下，克查姆公司毫不犹豫地贷款给他5万美元，同样是7%的利息再加佣金。

史蒂文斯终于顺利地完成倒买倒卖，可惜在最后一步搞砸了，在克查姆的贷款尚未完全到位的情况下，这笔生意就被政府的调查人员插手了。当时，普遍存在的非法牟利行为，在媒体的报道下被迅速披露，事情让公众大为不满。国会和政府都成立了调查委员会，对诈骗和不当交易进行调查，总价值高达1600万美元，而霍尔步枪采购项目名列其中。

委员会迅速调查了亚瑟·伊斯曼、约翰·弗莱蒙特少将、西蒙·史蒂文斯等人，事情真相大白，报纸上开始连篇累牍地批判弗莱蒙特少将，说他是采购诈骗的同伙，居然买来如此落后的武器。为了平息舆论，林肯总统和幕僚们反复商量，不得不宣布罢免弗莱蒙特，而接下来，特别调查委员会做出如下报告：

> 以J.P.摩根的名义所支付出的枪支定金，并没有真实有力的证据能够证明其合法性。在听证会上，皮尔庞特拒绝说明他是如何根据西蒙·史蒂文斯和弗莱蒙特少将所订立的合同来支付定金，因此，对皮尔庞特·摩根所强调的所谓霍尔步枪事件属于完全合法交易的看法，本委员会难以表示赞同。
>
> 当下，整个国家面临前所未有的严重考验，我们每个人都应以国家整体利益为重。皮尔庞特在给财政当局的要求中提出自己是良好的市民，对这一点，我们很不赞同。

客观地说，这一次，皮尔庞特的确卷入了不恰当的交易，但他终究及时退出，新闻媒体将他渲染成丑闻主角并不公平。但这样的事情，难道不是成长过程中必须付出的代价吗？回顾历史就能发现，伟大的人无不是经受挫折、误解和非议才日渐成熟的。

公司草创

这段人生旅途中，对皮尔庞特最大的打击并非步枪事件，而是爱妻的去世。1859年，这位22岁的小伙子坠入了爱河，他热情而真诚地爱上了阿米莉亚·斯特奇斯，人们叫这位姑娘为咪咪。咪咪身体状况不佳但面容清秀，她留着长长的头发，一张鹅蛋形的脸，父亲是哈德逊河艺术学校的赞助人，母亲则是位很优秀的钢琴家。

咪咪家的每个人都让皮尔庞特感到愉快，尤其是一心想成为歌唱家的咪咪，虽然身体孱弱，长相也不是最漂亮的，但她温文尔雅的气质吸引了皮尔庞特。在他看来，咪咪有着自己心目中妻子的一切优点。

随着他的爱情攻势的加强，咪咪很快同意了与他交往。周末，他们会在一个安静的地方坐下来玩玩象棋或者聊聊天，又或者一起去亲戚家玩。这样的恋爱关系平淡安稳，安抚了皮尔庞特的心，让他能够从繁忙工作中挣脱出来，体会到前所未有的愉快和轻松。

不久，咪咪的身体状况变糟了，她的肺结核症状一直很严重，已然到了晚期。皮尔庞特明明知道她病得厉害，却依然每天晚上去看望她，畅想婚后的美好生活。此时，有位医生诊断后说，如果想要恢复健康，必须要让她离开湿热的美国东海岸，去地中海海岸，在干燥温暖的地方疗养。

皮尔庞特决定放下手中的工作，立刻结婚，因为结婚就能度假，让咪咪

第三章 父子联手（1857年—1867年）

到国外去。在咪咪的病榻前，皮尔庞特诚恳地向她求婚，一开始，咪咪啜泣着拒绝了，她不愿意拖累皮尔庞特，而她的父母也劝皮尔庞特再好好考虑。但富有骑士精神的皮尔庞特拒绝了所有人的好心建议，要尽自己所有去挽救心爱的人，咪咪最后也只好答应了他。

1861年10月7日，婚礼在纽约东十四街5号新娘家的后庭举行，圣公会圣乔治大教堂的牧师为新人主持了婚礼。遗憾的是，只有新娘父母参加了婚礼，皮尔庞特的父母并没有来，一是由于婚礼举行得很仓促，二是因为他们并不赞同儿子娶一个病入膏肓的女子为妻。

婚礼开始时，咪咪是被皮尔庞特从楼上背下来的，仪式总共不到十分钟，她站了一会儿就支撑不住了，皮尔庞特只好全程搀扶着她，在婚礼之后又背着她上了车。

为了赶时间，新人只是到伦敦王子门街道的家宅中短暂停留了一会儿，然后马上就去温暖如春的地中海度假。那里气候温和，风景秀丽，适合病人休养，皮尔庞特还花钱订了最好的宾馆房间，配备了最好的大夫和护士。但纵然如此，咪咪的身体还是没有好转，她不断地咳出血来，整个卧室里因为治疗而充满了消毒剂和药物的气味。

1862年初，皮尔庞特带着妻子赶往法国巴黎治疗，但所有的努力都无济于事。2月17日，在经受了长时间的病痛折磨后，咪咪年轻的生命走到了终点。

当咪咪在医院撒手人寰时，皮尔庞特悲痛地跪在她的床前，仅仅维持了四个月的婚姻以如此悲伤的结局收场，这是皮尔庞特遭遇过的最大打击。这个年轻的鳏夫，生平第一次无暇顾及外表，当他护送着妻子的灵柩返回美国时，黑色的丧服令他看起来尤其憔悴，满脸的胡茬，几乎让朋友们认不出他来。

后来，他买了一幅画挂在壁炉边最显眼的位置上，那是他收藏的第一幅画，画上是一位濒死的年轻女郎。而在50年之后，皮尔庞特还在自己的遗嘱中捐款10万美元修建一所肺结核病人疗养医院，名字叫阿米莉亚·斯特奇斯·摩根纪念馆。

1861年7月，《纽约时报》上出现了一则简短广告：J.P.摩根商行于日前正式成立。如果当时有人按照广告去寻访这家公司就会发现，它位于曼哈顿纽约证券交易所对面53街那座毫不起眼的老旧木质建筑中，在二楼有一块不大显眼的招牌，上书"摩根商行"字样，皮尔庞特·摩根是这家商行的老板。谁又能想到，在未来这里将走出摩根大通、摩根士丹利等如雷贯耳的跨国金融企业？

这家小公司的业务主要是代理买卖政府债券或外汇，并随时将美国经济和政治中的变化向伦敦汇报。内战导致了美国棉花出口的中断，铁矿石原料进口也大大缩减，铁路建设工程也中断了，外国投资者纷纷抛售美国债券，这一切都让吉诺斯对伦敦的生意比之前任何时候都要更加谨慎，也让他更需要随时获得美国的信息。

公司成立后不久，皮尔庞特专程陪同纽约共和党领袖色诺·韦德去华盛顿，拜会财政部部长蔡斯先生，就如何发放政府债券的事情进行讨论，希望拿到代理销售权。但最终，谈判没有获得一致意见，联邦政府选择了费城的库克公司来代理销售，其债券定价极低，哪怕是普通百姓也能够购买。吉诺斯便决定退而求其次，吃进第一手的债券，然后在二级市场大量出售，仅仅在纽约，皮尔庞特就出售了总价值高达100多万美元的债券，获利8.3万美元。

1863年7月，在咪咪去世一年多后，皮尔庞特才算重新回归了正常的生活。为了摆脱悲痛，他和朋友们组成远征队伍，从西点开始了他们的旅程，他们乘坐马车和火车，到达位于阿第伦达克的乔治湖，然后又乘坐帆船到达尚普兰湖，接着从伯林顿横跨佛蒙特州，来到新罕布什尔州的怀特峰。

渐渐地，皮尔庞特的心情开始平静，在征得父亲的同意和承诺之后，他获得了代理更多业务的权利。很快，他将吉诺斯在波士顿、费城主要的客户吸收过去，充实到J.P.摩根公司中。对此，邓肯-舍曼公司感到很是意外，他们没有想到的是，这些原本属于自己代理的客户会流失得如此之快，并都成为皮尔庞特的囊中之物。

虽然起步离不开父亲，但谁也不能否定皮尔庞特自己的努力。他有着端庄的举止和出色的仪表，参加商业谈判时冷静而自信，在金融交易上表现的操作能力也令人激赏，这才是吸引客户的真正原因。

从此开始，皮尔庞特雄风大振，他管理着和父亲共同拥有的账户，全力参与到短期贷款发放、买卖外汇和代理证券交易与投资等业务中。从1862年到1863年，J.P.摩根公司中，皮尔庞特所持有的股份净利润从3万美元上升到5.8万美元。

高抛低吸，黄金操盘手

南北战争中，新的赚钱机会层出不穷。为了支付越来越多的战争开支，美国国会在1862年通过《法定货币法案》，法案规定，被称为"绿背美元"的纸币作为法定货币流通，这实际上是美国政府发行的第一种官方纸币。

由于美元的推出，北方有效地构建起纸币和黄金的双重货币本位制度。那时的黄金在价值上远远超过美元，因为它相对稀有，是整个国际市场贸易的媒介，价值由国际市场决定。但美元并没有这种内在价值，它只是普通纸币，数量由政府决定。因此，黄金和美元之间的汇率，取决于北方政府的信用度——当战争中联邦军遭受挫败时，投资者就会抢购黄金并推动金价上升，反之，若传来捷报或者和谈的消息，黄金就会被抛售，金价就会下跌。

皮尔庞特很熟悉这种上升下降的游戏，他懂得如何巧妙地利用时间差和空间差来获取利润。1863年秋天，他从悲痛中清醒过来后，向身在伦敦的父亲表示："统治着外汇市场的黄金，目前已经成为证券交易所中的投机价值所在，就像行情表中那些最具投机性的股票一样变化多端。"

很快，一位不速之客来到了皮尔庞特的办公室，他叫爱德华·克查姆，他和皮尔庞特在登山旅行中认识，两人当时不过是点头之交。克查姆提出的建议迅速吸引了皮尔庞特，他说，双方可以联合起来买卖黄金，从中获利。

此前，皮尔庞特主要是利用华盛顿的"线人"，随时传递信息，比市场更早捕捉到信号。比如1862年10月，北军波托马克部队向弗吉尼亚州的阿灵顿猛攻，而南军在李将军的指挥下回撤，这种战情会压制黄金价格向下，而皮尔庞特仅仅在联邦政府得到报告后5分钟就通过电报了解到该消息。但这种方法比较被动，当战况总是保持平稳时，金价就起伏不大，很难找到盈利的空间。克查姆的建议是要想办法扰乱市场，才能大赚一笔。

两个人计划通过关系，与其他公司联手，采取共同付款方式，以10%的预付款来买下价值四五百万美元的黄金。然后，将这批黄金一半运往伦敦，另一半则留在自己手中，等市场价格因为黄金外运而上涨，就将剩下的一半迅速抛出来获利。

10月初，两人准备完毕后开始利用公司的名义，总共购买了价值高达500万美元的黄金，纽约金价因此从每盎司130美元涨到143美元。由于战事没什么变化，涨幅显得莫名其妙，可以说，他们欺骗了整个纽约黄金市场。

接下来，就轮到"秘密武器"登场了。皮尔庞特用暗语拍送了一份电报给伦敦皮博迪公司，而在公司话务员的有意"失误"之下，这份电报内容走漏了。很快，市场到处都言之凿凿，说伦敦巨商皮博迪开始出手收购黄金，黄金价格也随之迅速上升。

为了给上升的势头加把火，J.P.摩根公司真的将价值115万美元的黄金运往英国，这笔黄金的总额相当于以往摩根公司外汇交易量的十倍之多。

新闻记者最先嗅到了市场波动的气息，《纽约时报》的一篇报道这样写："近日，价值百万余美元之黄金，已被华尔街一家与伦敦联系甚密的新公司运往英国。据悉，纽约青年投机家约翰·皮尔庞特·摩根乃此事之操作者，此事似已超出正常交易范围。"这篇报道犹如在本不平静的湖中扔下巨石，纽约黄金市场开始恐慌起来，因为将黄金运出国这一招，比起囤积居奇要更厉害，运走的那些黄金可是回不来的啊！

这样，黄金价格很快就猛蹿起来。

事有凑巧，皮尔庞特在同时间获得另一则消息，说美国北方政府因为英国造船厂为南军建造炮舰的事情而不断抗议，林肯总统和国务卿苏厄德通过驻英国大使亚当斯提出最后通牒，要求英国立刻停止类似行为。随后，英国方面迫于压力同意停止制造炮舰，但他们要求联邦政府必须在5天内准备100万英镑的赔偿费用支付给各个造船厂，美国政府已经委托皮博迪公司在24小时内准备好价值100万英镑的黄金。

拿到这样的绝密消息，皮尔庞特越发激动，他连忙和爱德华再次买下大量市场上出售的黄金。就这样，金价在10月中旬上涨到171美元的高点。此时，两位投机家才开始抛售黄金，他们获利后，金价随之下降到145美元。

这是一次完美的投机操作，两个年轻人大胆地利用信息、时间差和市场的投机心理，大赚了一笔。据说，两个人总共赚了将近14万美元。

真相最终还是呈现给大众了，许多人都在对金价的狂涨表示不满。10月21日，又是《纽约时报》在社论中用严厉的措辞写道："本次金价暴涨背后的操作者居然将国家生命看作儿戏，这些不义者以林肯总统的武器输入计划作为代价而换取非法利益，议会应该建造起断头台，把他们斩首示众。"

议会当然无法建造断头台，何况皮尔庞特他们的投机行为也没有违背当时的法律，他和爱德华根本没有理会这样的道德指责，而是陶醉在这次重大胜利中。

再见丑闻，你好新家族

皮尔庞特并没有觉得自己在危害国家，从商界的反应来看，大多数商人也很佩服和欣赏这样的手法，因为这种投机没有让市场陷入严重的混乱，遭受损失的是其他投机者。有人甚至说，这表明皮尔庞特和他的伙伴是优秀的商人，因为他们能做成一流的投机生意。

然而，吉诺斯在知道皮尔庞特的投机炒作行为以后相当生气，他威胁儿子说，如果再这样搞投机活动，就会和儿子断绝商业联系。

吉诺斯有他反对的理由，投机带来的胜利会"激活"皮尔庞特的性格缺点——行动鲁莽、随性而为，同时过于贪婪。

在1864年1月31日，吉诺斯写信给詹姆斯·古德温抱怨说："皮尔庞特不听从我的反复告诫，继续大肆投机，我对此深感失望和愤怒，他只关注眼前的利益而为此一意孤行，却听不进任何意见。"吉诺斯担心儿子会因此越来越狂妄，一旦失手会导致整个家族名誉受到损害。

他决定，派一个自己信得过的人去约束胆大妄为、桀骜不驯的儿子，这个人就是银行家查尔斯·达布尼。当皮尔庞特刚刚进入商界，在"邓肯-舍曼"公司实习时，就是他教授皮尔庞特如何工作，皮尔庞特尊重而且信任达布尼先生，也愿意接受他的建议。

在1864年11月15日，原来的J.P.摩根公司解散，同一天，新的达布尼—摩根公司开张。

在新公司总共35万美元的资本中，摩根父子各自投入10万美元，表哥詹姆斯·古德温和他的父亲投入了12.5万美元，达布尼则投入了2.5万美元。年底分红时，皮尔庞特和达布尼将各自享有公司40%的利润，詹姆斯将享有20%的利润，由此看来，达布尼并不需要投入什么现金，他对公司的贡献几乎完

第三章 父子联手（1857年—1867年）

全是其经验、名声与威望。

吉诺斯对自己这样的安排很满意。1864年12月，他告诉老古德温说："如果他们赚不到钱，问题就在其自身了，他们需要准确判断和耐心等待，而不是对生意或者利润过于热衷……对皮尔庞特和詹姆斯来说，我再也找不到比达布尼先生更加合适的人选，没有人能比他更加值得我们信赖了。"

名义上，达布尼成为这家新公司的最大合伙人，而皮尔庞特只是第二大合伙人。不过，尽管他的名字排在达布尼之后，实际上他却掌握着公司的大权，达布尼所做的是帮助他处理日常那些枯燥乏味的工作，同时给他合理的建议。有了达布尼的支持和监督，新的公司不再从事投机买卖，转而操作公债和其他债券生意，这些生意在第一年就让皮尔庞特赚到了5万多美元。

皮尔庞特是幸运的，他有吉诺斯·摩根这样慧眼如炬的父亲引导他，之后黄金市场的走向，完全验证了吉诺斯的担忧绝不是多余的。

1865年，南部联邦败局已定，北军步步进逼，金价开始猛跌。但爱德华·克查姆仍决定继续和市场对赌，不断采用保证金买入黄金囤积，为此，他花费了自己所有的资金，还盗用了公司将近300万美元的现金和债券，并伪造了150万美元的支票进行贷款。

最终，爱德华输得一败涂地，赔得血本无归。当他众叛亲离之时，皮尔庞特站了出来，他虽然不喜欢爱德华，但毕竟两人合作过，因此，皮尔庞特拿出了8.5万美元，为爱德华的17张伪造支票兑付，这比皮尔庞特在两人合作中分得的利润都要多。

对此，不管是合伙人达布尼，还是伦敦的吉诺斯，都感觉这是不必要的损失。皮尔庞特并不后悔，他认为自己有必要伸出援手。后来，皮尔庞特还派出职员去法庭上为爱德华提供有利的证词，从而为他减去了四年的刑期。

随着爱德华的锒铛入狱，皮尔庞特走出了黄金投机案的阴影，也摆脱了丑闻的影响。

同时，他的感情又迎来了新的春天。1863年开始，他认识了查尔斯·特雷西一家，查尔斯是著名的律师，皮尔庞特和这家人相处得很好，有时候，他还会在周日应邀去查尔斯家聚餐。

皮尔庞特慢慢喜欢上了法兰西斯·路易莎·特雷西，家人们对她的昵称是"方妮"。和咪咪不同，方妮是个活泼而时髦的女孩子，她衣着讲究，喜欢打扮，但并不喜欢卖弄风情。星期天晚上的时候，她宁愿坐在皮尔庞特身边听他唱赞美诗，也不愿意加入社交场合中无聊的打情骂俏。

皮尔庞特觉得，方妮大方得体、明白事理，将来一定是个贤妻良母。就这样，他向她求婚了。1865年5月31日，南北战争正式结束后不久，皮尔庞特和法兰西斯·路易莎·特雷西结婚。6月，他们去欧洲拜访了父母，还去了巴黎，并访问了瑞士辛利吉学院，直到8月，他们才乘船回家。

或许这次的婚姻不像第一次婚姻那样浪漫多情，但对皮尔庞特来说，和方妮结婚，才让他真正享受到婚姻和家庭，并因此变得成熟。随后，他们搬进了纽约麦迪逊大街的227号新房。夏天的时候，他们会住到乡下去，先是在哈德逊河边的村镇中，后来又住到其他村落。

一年后，他们的第一个孩子出生了，这是个女孩，取名为路易莎·皮尔庞特。1867年9月，皮尔庞特一家又在家中迎来了第二个孩子，他叫小约翰·皮尔庞特·摩根，他是这个家庭中唯一的儿子，昵称叫杰克，日后他会成为家族事业的继承者和发扬光大者。随后，1870年和1873年，这个家庭又添了两个女儿。

皮尔庞特已经儿女双全、家庭美满。无论是生活还是事业，他都从青春的热血冲动转向成年的稳定与发展。在步入30岁的人生新阶段时，皮尔庞特·摩根已拥有良好的基础，他将要正式步入华尔街，挑战所有敢于阻拦他的对手。

第四章
浴血奋战
（1867年—1876年）

大战"华尔街之鬼"

战后的美国,铁路行业变化最大。在这段号称"镀金时代"的岁月中,美国拥有了世界上最庞大的铁路网,数千英里①的铁路将整个北美洲大陆的西半部连接起来,丰富的自然资源得以输出,巨大的国内市场得以开发,整个国家的生产力得到极大提高。

1869年5月10日,中央太平洋铁路公司、联合太平洋铁路公司共同修建的太平洋铁路顺利通车。这条铁路从东西两个方向跨越整个大平原,也是第一条横穿北美大陆的铁路,其意义之伟大自然毋庸多言。正如1865年被刺杀的林肯总统所说,这样的铁路势必将全美国真正联合成同一个国家。

全世界都在目睹"新美国"的诞生,并为之赞叹不已,资本的力量跃跃欲试。国外有大批投资者想要购买铁路股票获利,却弄不清投资方向,由于曾经的傲慢和疏远,他们缺乏对美国的了解,必须依靠代理商来引导他们认识这个国家。

此时,皮尔庞特开始了横穿全国的铁路长途旅行,表面上这是一次家庭旅行,但其根源却是商业调研。

整个旅行充满了冒险意味,同行的还有方妮的妹妹玛丽,以及皮尔庞特的表哥詹姆斯·古德温。他们乘坐火车去了芝加哥,然后到了犹他州,乘马

---

① 英里,长度单位。1英里约合1.6千米。

第四章　浴血奋战（1867年—1876年）

车到了盐湖城。此后，他们再坐马车到了加利福尼亚州，并重新登上火车，到达旧金山海港边的奥克兰。奥克兰这座城市刚开始接待东部旅行者，条件显然很差。但这些出身富豪之家的人并没有抱怨，而是乐在其中。

接下来，他们从西海岸的旧金山出发，坐着联合太平洋铁路公司的火车到达奥马哈市，然后改乘普尔曼公司的火车到了芝加哥。在那里，几乎小镇上的所有人都走出家门，来到站台围观火车。从这里开始，他们顺着安大略湖岸边向东回到了纽约。

这次铁路旅行路程长达6000英里，让皮尔庞特看到了铁路行业的未来，也看到了铁路行业现有的问题。铁路建设有巨大的经济利益，任何人只要能从政府那里买到土地并能兜售证券，就意味着他可以加入铺设铁路的大军中。皮尔庞特听说，由于政府会根据铺设铁路的长度发放贷款，一些人故意迂回曲折地修筑铁路，另一些人则趁机发行假冒的股票……

在金融行业与铁路行业的结合上也有不少问题。例如，铁路行业需要大量资金的前期投入，即使在运行期间，其成本比例也相当高，只有那些独占庞大运输量的铁路才能保证成本被平摊，并获得利润；一旦出现平行路线加入竞争，就会导致双方的恶性降价，竞争会异常残酷。

金融业对这种竞争相当痛恨，投资者会面临手中证券因为企业破产而变成废纸的风险。当皮尔庞特在9月回到纽约之后，遇到的纽约州北部"奥尔巴尼-萨斯奎哈纳"铁路（简称奥萨铁路）事务就属此种情况。

这条铁路原本并不显眼，它全长只有142英里，其重要性在于其向南连接的干线，这条干线直通宾夕法尼亚州的煤田，其经营者是伊利铁路公司。伊利铁路公司老板杰伊·古尔德，人送绰号"华尔街之鬼"，他身材矮小，阴沉少言，注重仪表，天性聪敏。当1868年12月奥萨铁路刚刚竣工时，古尔德就发现了其重要性——连接着东部诸多工业城市和煤炭产地，他准备不惜一切代价拿下这条铁路。

奥萨铁路之战拉开了序幕。战争的进攻方是古尔德，他的手下有一帮带着黑社会性质的利益集团，另一方，则是奥萨铁路公司现任总裁拉姆齐。

为了能够拿到经营权，古尔德首先购买了大宗奥萨铁路股票，顺利成为董事会成员。然后，他大肆活动，和董事会中那些反对拉姆齐的成员结成联盟，把黄金送到纽约州法院院长的家中。他的要求只有一个，就是在奥萨铁路股东大会即将召开的时候，政府将公司查封，然后逮捕会计人员，免去拉姆齐的职务。

当然，拉姆齐也不是好惹的。他通过在法院的关系，将古尔德联盟中的几个董事赶出了董事会。结果，事情迅速发展为流血冲突，两派势力在铁道线的隧道中大打出手，斗殴场面如同战争，死亡人数达到十几名，州政府不得不出动当地军队来维持秩序。

奥萨铁路的争夺权虽未能分出胜负，但拉姆齐已经感到苗头不对。他发现，对方之所以敢如此霸道，完全在于其背后的金钱以及买通的权力，所以他需要的不是律师和法官，而是掌握金钱的银行家。在盟友的指点下，他辗转找到了皮尔庞特·摩根。

拉姆齐陈述了自己遭遇的不公，然后他说，只要摩根先生能够帮助他将铁路控制权争夺过来，他就发行3000股新的股票，其中600股股票卖给摩根公司，摩根就会成为新股东。皮尔庞特并没有马上答应，他向公司的律师，同时也是他的岳父查尔斯·特雷西咨询，在得到了肯定答复之后，才表示愿意提供帮助。就这样，摩根家族向铁路投机业跨出了第一步。

拉姆齐喜出望外，答应了皮尔庞特提出的条件：雇用特雷西律师，还有其年轻的助手塞缪尔·亨特律师。

古尔德听说对方搬来了摩根家族的律师，决定兵来将挡，他向法院提出诉讼，要求法院宣布奥萨铁路公司新发行的3000股无效，这样，达布尼-摩根公司就无法进入董事会。1869年9月3日，这条法令真的通过了。

第四章 浴血奋战（1867年—1876年）

9月6日，古尔德的律师开始起诉拉姆齐和其他管理人员，希望他们能够在召开股东大会之前被逮捕，这样，股东大会只能选举古尔德上台管理公司。对此，皮尔庞特方面早有准备，特雷西律师马上提出了上诉，同时在更多利益的引导下，法院推翻了原先的法令，甚至还宣布拉姆齐不应撤职，更不会被逮捕。

由于摩根公司的介入，局面终于开始平衡，关键就看股东大会上的争夺战了。为了应对这次战役，皮尔庞特做了充分的准备，在大会召开之前两天，他就派出亨特律师火速赶往开会地点奥尔巴尼，自己随后和岳父特雷西也到了那里。整整一天，三个人都在商讨，股东大会上究竟可能发生哪些极端情况，己方应该准备哪些应对策略。

他的岳父说："古尔德这种人做事经常不择手段，他们有可能在大会上以武力威胁，我认为我们应该准备一下应对的措施。"

皮尔庞特觉得这样的考虑很对，经过详细讨论，皮尔庞特终于准备好了应对之道，他相信自己可以利用正当合法的程序来赢得股东大会上大部分股东的支持。

此时，已经是黄昏时分了，他们准备好了备忘录、文件，然后将行动计划和纲领又检查核对了一遍，并分别记录在笔记本上，交给亨特律师随身携带。他将作为此次股东大会上的"前线指挥"。

第二天，一年一度的股东大会终于到来了。皮尔庞特·摩根、特雷西、亨特、拉姆齐一行人早早来到会场。过了一会儿，古尔德手下的菲斯克也乘坐马车，趾高气扬地来到了会场，马车之后，还跟着许多人，一看就知道是混黑道的。

就在菲斯克前脚刚踏下马车时，戏剧性的一幕出现了。一群身着灰色制服的警察从会场内列队而出，为首的警长将证件一晃，然后说道："菲斯克，按照奥尔巴尼郡警察局的命令，你和你的人必须跟我们走一趟，接受调查！"

再狠的黑道分子，也不敢公然和警察对抗，很快，这些前来参加股东大会的"股东"一个个都被押走了。看到这一幕，皮尔庞特他们才满意地点点头，步入了会场。

接下来的选举十分顺利，虽然菲斯克怒气冲冲地带着手下又回到了大会现场，但他们已经失去了对股东的威胁能力，没办法挽回败局。根据投票结果，拉姆齐继续留任总裁，皮尔庞特·摩根担任副总裁。

股东大会结束后，许多人都感到意外，究竟是谁报的警？谁又能调动那么多警察前来带走菲斯克？对这个"秘密"，皮尔庞特只是意味深长地一笑。

不过，事情并没有就此结束，股东大会通过了皮尔庞特提出的建议，这条铁路的经营权将会立即租给特拉华-休斯敦隧道公司，多年来正是这家公司不断和拉姆齐竞争，并在背地里支持古尔德！

为什么皮尔庞特偏偏要将铁路经营权租给他们呢？实际上，这个交易是非常划算的，奥萨铁路公司原本一年经营额只有45万美元，可这次租给对方的估价是700万美元，而对方需要在接下来的99年中每年支付7%的租金。这意味着董事会不需要参与经营，就能得到更多的利润，有哪个股东会反对这样的方案？

这就是皮尔庞特的高明之处，这种高明来自摩根家族传统的思维模式和他个人激进投机理念的完美结合。他知道，只有最想要得到铁路经营权的公司，才会如此不择手段，表面上他们是对立的，但只要方案合理，他们就会变成最好的客户。

第一次接触铁路投机事业的皮尔庞特大获全胜，战胜了"华尔街之鬼"，获得了大家的高度评价，由此，人们也更加推崇摩根家族的手腕与资本。

拉了卡内基一把

奥萨铁路的胜利，堪称皮尔庞特初出茅庐的第一战，虽然他取得了胜利，但多少也有对手主动退缩的因素。在召开股东大会之前，古尔德已经将注意力转移到了华尔街的黄金市场上，一手操作出"黑色星期五"的黄金市场价格崩溃的事件，他把奥萨铁路的事情交给了手下菲斯克。

尽管如此，吉诺斯还是对儿子这样的表现赞赏不已。这一次，他不是投机，而是为了维护本公司债券持有人拉姆齐的利益出击，做得有勇有谋，又符合商业道德，不能不让吉诺斯感叹他的进步。

不过，一些负面消息也传到吉诺斯的耳朵里，先是传说皮尔庞特希望将妹夫乔治从公司股东中赶出去，接着又说他觉得年龄渐长的达布尼没有多少贡献，甚至他关系最好的表哥詹姆斯也在1869年底写信给吉诺斯汇报，说自己连伦敦有什么工作指示都不知道，因为皮尔庞特将所有的商务信件都私存了起来。

对这些杂音，吉诺斯选择暂时将之搁置起来，并警告外甥詹姆斯说，不管遇到什么金融风波，都不应轻举妄动。

安顿好皮尔庞特这边的事情，吉诺斯在精心策划之后，开始了自己一系列的风险投资活动。

1870年3月，吉诺斯会见了安德鲁·卡内基。

卡内基的奋斗历程堪称传奇，他是苏格兰纺织工人的儿子，13岁时移民到美国的宾夕法尼亚州，进入宾夕法尼亚铁路公司（简称宾州铁路公司）工作。1858年他23岁时，已经成了公司驻匹兹堡分部的主管。又过了十年，他拥有了价值40万美元的证券，还包括铁路、银行、冶炼厂和电报线路的合伙生意，另外自己还拥有一家叫"拱顶石"的桥梁建筑公司。

1869年，卡内基打算建造跨越密西西比河的铁路桥，这座桥将会比其他大桥更加坚固。在公司有关专家顾问的鼎力相助下，他赢得了在圣路易斯建造这座大桥的合同。按照设计师的设计要求，大桥桥墩会沉入河底93英尺以下，而三个金属拱架会建在桥墩上，对这样的巨大项目，一些人讽刺地说，估计需要耗资700万美元，费时700年才能建成。

1870年，为了获得资金，卡内基应邀将计划报告给吉诺斯·摩根。见到吉诺斯之后，卡内基并没有张口就提出要投资，而是向他宣称，这座大桥将能够在技术上体现美国人的聪明才智，促进钢铁产业发展，并在交通上成为横跨大陆干线的"收费站"。

这些说服了原本有些担心的吉诺斯，他最终同意按85美元/只的价格，接受价值高达100万美元的大桥债券。结果，大桥的债券销售业绩让吉诺斯·摩根为之惊喜。而且，建造这座大桥当然不可能费时700年之久，1874年，伊兹大桥正式通车。

不巧的是，那时，美国又迎来一次经济大萧条，铁路交通运输量直线下降，卡内基的公司只好再次从银行贷款来偿还债券的利息。吉诺斯没有让卡内基独自面对困难，而是继续为他出资，帮助他建造其他的桥梁和铁路项目。

由于对铁路经济做了深入研究，卡内基很快意识到，冶炼企业中也能够产生规模企业，而钢因为用途更广、更持久耐用的特性，必然会取代铁，大规模运用在工业化生产中。于是，他开办了数家大型高效钢厂，并迅速提高产量。1876年，他写信给吉诺斯，不无炫耀地说："我们已经获得了巨大成功，我每一项乐观的估计都得到了更多证实，我们现在生产的钢轨，每吨成本还不到50美元。"

通过摩根家族，卡内基获得了他原始积累时需要的资本，日后，他将成为美国的钢铁大王。

卡内基和皮尔庞特·摩根后来也有接触，当卡内基想要创办第一家轧钢厂的时候，他还是找到摩根家族代理出售债券。当时，他在皮尔庞特·摩根的公司有5万美元存款，但他说起了在1873年时，摩根财团还代理出售了他在一条铁路中的股权，价格为1万美元，因此，他可以动用的钱应该是6万美元。

皮尔庞特·摩根总共拿出7万美元的款项来，解释说，公司算错了他的账目，他应该接受这多出来的1万美元。但卡内基并不想拿这笔钱，他说："您能够看在我的良好祝愿的份上，拿回这1万美元吗？"可皮尔庞特却坚持说："不，不能。"

这件事让卡内基决定，以后无论在什么样的竞争场合，都不会和摩根家族对立。不过，毕竟两人都是各自行业中的顶级精英，他们之间还是会遇到对立的情况。在1876年的一次会面中，皮尔庞特就直言不讳地批评卡内基，说他在某次诉讼案中使用的辩词是"最无礼的语言"。

总体而言，卡内基和摩根家族有着良好的关系。在这个家族奋战的征途中，安德鲁·卡内基既是受益者，也是见证人，商业关系将这些时代精英紧密连接在一起，共同构筑了不断成长的美国。

普法战争，谁才是大赢家

1870年，当吉诺斯在卡内基大桥项目上兴致勃勃地"冒险"时，远在纽约的达布尼-摩根公司依然平静。

在刚刚过去的黄金市场黑色星期五事件中，整个华尔街几乎都被古尔德拖进大坑，栽了跟头。只有皮尔庞特由于接受投机教训而按兵不动，依旧保持着清醒和冷静，这种和年龄不符的老成持重，也让金融界开始用新眼光打量皮尔庞特。

事实上，皮尔庞特对金融界感到厌倦了。这一年7月，第三个孩子朱丽叶出生之后，他开始向往舒适安闲的家庭生活，甚至打算退休——虽然他此时才33岁。

皮尔庞特的厌倦不是凭空产生的。那时的美国，越是所谓上流社会，越是充斥着贪污受贿、舞弊作假的丑恶现象，从官员、法官到议员、记者，谁出的钱多，他们就为谁说话，新崛起的商业圈子也同样不干净，金融界谈不上规则，铁路行业的竞争也是乱七八糟的……总体而言，社会道德水平的低下让皮尔庞特苦恼而疲惫。

对皮尔庞特如此落寞的心态，父亲吉诺斯并非毫不知情，但他忙着"投资"普法战争，忙到没有机会好好激励儿子。

1870年的普法战争是整个欧洲瞩目的大事。从战争爆发开始，法国皇帝拿破仑三世直接指挥军队作战，但因普鲁士军队强大，加上俾斯麦领导能力强，9月2日，拿破仑三世在色当一败涂地，带着近10万法军投降。消息传到巴黎后，立法院通过会议宣布第二帝国被第三共和国取代，由一个由七人组成的防御委员会来领导民众保卫巴黎。

随后的两周，巴黎被25万普鲁士大军重重包围起来，到10月，这个城市变成了孤城。在被包围之前，防御委员会派出了一名叫作莱昂·甘必大的巴黎律师，他在城内到处游说，说巴黎无险可守，想要解救城市，只有派他出城组织军队。委员们被他说服了，用一个硕大的载人气球将甘必大送出城去。

很快，甘必大来到图斯。在那里，他成了法兰西第三共和国政府的战争部部长和内政部部长，他访问了英国，寻求5000万美元的贷款来组建军队。

在前往图斯考察了解后，吉诺斯认为，甘必大还真有可能获得胜利。这并非痴心妄想，事实上，当时法国还有足够对抗普鲁士人的军队和武器，他们只是需要一笔军费来招募兵员。于是，他提出，可以用6%的利率，采取代

第四章　浴血奋战（1867年—1876年）

为发售债券的形式，筹集5000万美元的贷款给法国，而且，面值100美元的债券，吉诺斯拿到手的价格只需要85美元。

条件看起来苛刻，可吉诺斯也承担了很大风险，法国临时政府点头同意了。接下来的历史剧情可以用跌宕起伏、一波三折来形容：有一阵子，甘必大的反击似乎就要见效了，他的军队甚至即将打破普鲁士人对巴黎的包围圈。但随后，贝赞恩上将带着17万人向普鲁士不战而降，这让普鲁士军队松了口气，腾出更多军队围攻巴黎——1871年1月28日，在四个月围困之后，巴黎宣布投降。

此时，吉诺斯在伦敦销售的法兰西共和国债券价格暴跌，他被迫买回大量债券来保护投资。同时，战败的巴黎政府同意向普鲁士支付4000万美元赎金，普鲁士军队因此撤离，但丧权辱国的巴黎政府很快被巴黎公社推翻，首相梯也尔逃出巴黎。

结果，吉诺斯发放的债券就快要变成废纸了——原本价值为85美元的债券，现在已经跌到了55美元。

吉诺斯在投资市场上似乎也杀红了眼，他不相信自己会这样输掉，对欧洲局势的判断也让他相信共和国会重建。他开始在市场上大量扫货，只要是法国国债，不管什么价格都全部吃进。为此，他几乎将当时能够动用的资金全部投入进去。

最终，梯也尔带着凡尔赛的军队反扑巴黎，公社运动被残酷镇压，法兰西第三共和国变得稳固，始终坚持抗击普鲁士的甘必大，则成了举国上下最受尊敬的人物。

1871年6月，新的共和国再一次提出用5%的利率来借款21亿法郎，短短几天内就被一大群欧洲银行家认购。此时，吉诺斯早已大赚一笔，获利数额达150万英镑之多。

这次参与普法战争的投资，吉诺斯几乎是冒着人生最大的风险进行的，他向来谨慎保守，对儿子参加任何投机意味强的生意都抱着反对的态度，这次为什么敢如此冒险呢？

其实，吉诺斯的冒险并不是盲目的。最开始，甘必大来到伦敦寻求贷款时，别说吉诺斯·摩根，就是罗斯柴尔德、巴林这样的大家族也都无法预测其成败，他们虽然是商界巨富，但战争局面瞬息万变，即使是普鲁士首相俾斯麦，也不敢断言胜利。因此，巴林家族推脱说自己支持普鲁士的财政，不可能借钱给法国；罗斯柴尔德家族干脆回绝了甘必大的见面请求；而吉诺斯却突然有了逆向思维：如果不知道未来会如何，为什么自己不去看看历史？

熟悉欧陆历史的吉诺斯发现，从大革命时代开始，不管法国经历怎样的战争风云和政坛起伏，每一届政府都保持着同样的优秀传统，那就是从不会拖欠对外债务。

这一次，法国政府会拖欠债务吗？经过思考和分析，吉诺斯认定，概率还是很小。首先，普鲁士的目标是为了实现崛起和对德意志的统一，虽然其军队作战能力强大，但彻底灭亡法国，既不是其战略目标，也不在其能力范围内。其次，法国本身的抵抗力还很强大，不说别人，光是爱国的甘必大就在短期内组织起60万法军，其中还有四十多个炮兵连，毕竟，经历过拿破仑时期的辉煌的法国人不可能因为巴黎被围困就举国投降。

所以，吉诺斯决定孤注一掷，豪赌全部身家。他的确承担了很大风险，可要在这样的历史转折关口获得成功，需要的不是细致谋划和十足把握，要的就是这种直觉、勇气和信心。

事实证明，这次冒险为摩根家族带来了无法想象的利润，更带来了比利润更为重要的声誉和地位。从此，这个家族正式迈入世界顶级金融家族的行列。

第四章 浴血奋战（1867年—1876年）

进军华尔街

1871年的新年，一直与皮尔庞特合作的查尔斯·达布尼宣布要退出合伙公司，这一年，他已经65岁，到了退休的年龄。从私人的角度来看，他觉得皮尔庞特足够成熟，迟早要掌管大权，自己在公司已然毫无影响力，也就没有必要留下了。

以皮尔庞特的性格，肯定很想就此一个人治理公司，但吉诺斯并不同意。他认为，找一个有影响力和实力的合伙人，能够更好巩固家族在美国的影响力，对接下来扩展银行业务也会更加有利。

在精心挑选和全面沟通之后，吉诺斯·摩根看中了费城的德雷克塞尔三兄弟。德雷克塞尔家族从事的国际贸易业务相当庞大，在纽约和巴黎都有连锁公司，资产净值在700万美元左右，但在美国，其年利润却只有35万美元。吉诺斯敏锐地嗅到，这个家族势必不会放过扩大美国国内生意的机会。果然，三兄弟中的安东尼·德雷克塞尔正在寻找商业伙伴。

谈判达成一致后，吉诺斯嘱咐儿子，一定要拜访德雷克塞尔。到5月，皮尔庞特主动去了费城，和德雷克塞尔共进晚餐。回到纽约之后，他的手中多了一份对方顺手写在信封上的合伙协议。

根据协议规定，皮尔庞特将成为费城德雷克塞尔公司和巴黎德雷克塞尔-海耶斯公司的合伙人，德雷克塞尔-摩根公司也将在纽约成立。摩根家族派出的合伙人是皮尔庞特，而德雷克塞尔家族三兄弟中最小的约瑟夫将和他共同经营。

德雷克塞尔在公司中的资本是压倒性的，三兄弟的家产足足有700万美元，皮尔庞特自己只有35万美元，吉诺斯又一次性投入了不少的资本，这让皮尔庞特最终能以近73万美元的资金投入开始新的合伙生意。

对此，皮尔庞特十分感激，他从不否认自己对父亲的依赖，日后他还对人这样说："如果我在自己的人生旅途中取得了什么成就，我最应该感谢的就是父亲的朋友们给予我的支持。"

有了实力强大的合作伙伴，皮尔庞特·摩根燃起了新的事业热情。1872年，在度过了35岁生日后，精神振奋的小摩根又回来了。

德雷克塞尔-摩根公司的业务规模不断扩大，建设公司自有的办公楼放在了发展日程上。1873年初，位于华尔街23号的新楼落成了。这栋大楼位于华尔街和宽街的拐角处，未来，这里会成为美国银行业最负盛名的十字街。

安东尼·德雷克塞尔用每平方英尺①349美元的价格买下这块土地，并建造起这栋白色的大理石建筑。这栋楼房共有六层，装饰华丽，门口上方雕塑着神话人物，而楼房内则装有电梯，即使在纽约，此时装上电梯的建筑物还是屈指可数的。富有象征意义的是，这栋新楼有两个独特的大门，向西正对着纽约证券交易所，向北则面对美国财政部大楼。或许，这预兆着该公司会成为华尔街和华盛顿之间的重要桥梁。

建造了新办公楼，并不意味着德雷克塞尔和摩根的合伙顺利。皮尔庞特原本就桀骜不驯，上学的时候就能写出和自己年龄不符的"抗议信"发给老师，现在他更想继续保持自己对公司的控制。为此，他不惜表现得粗鲁无礼，在办公室和德雷克塞尔争吵。这样的争吵最多只是皮尔庞特在耍脾气，对生意，他很难擅自行动，因为德雷克塞尔家族有公司的大半股权，他不得不受到约束。

这种约束从某种角度来看压制了皮尔庞特，但其约束作用又利大于弊。很快，皮尔庞特就会面对最好的机遇，并由此跻身美国金融界的最顶层。

---

① 平方英尺，面积单位。1平方英尺约合0.09平方米。

推倒"白须帝王"的宝座

1873年,华盛顿传来消息,美国政府决定,用较低的利率发行新债券,从而偿还内战遗留下来的3亿美元债务。这个消息传出后,许多人不由得想到杰伊·库克的名字。

库克是德雷克塞尔在费城最主要的对手,他被称为"统治联邦金融界的白须帝王"。当初,库克只是个银行职员,能在最短时间内识别假钞。但联邦政府的战争债券发行让他找到了发家的机会,他率先将联邦债券向普通大众兜售,还因此赢得了林肯总统的称赞。发家之后,库克在费城郊外为自己打造出一个"城堡",足足有52个房间。一时间,他在费城风头大劲,德雷克塞尔家族则相当不悦。

德雷克赛尔家族自命为政府债券的主要承销商,眼看这个暴发户库克超越了自己,三兄弟自然将他看作眼中钉。尤其是1865年以后,库克赢得了联邦贷款的专营合同,这简直让他成了行业中的垄断者。

皮尔庞特和库克打过交道。1871年3月,美国财政部一次性委托了数百家金融机构代理债券销售,摩根公司同样名列其中。当时在其他业务的经营上,摩根家族赚得更多,并没有对政府发放债券业务格外重视。更何况,政府那时规定,金融机构无法购买债券,只能得到代销债券的佣金,结果,到销售时间结束之后,这批国债在美国只卖出去2000万美元,英国也只认购了8000万美元,摩根家族并没有表现出充分的实力。

现在,已经是1873年,联邦政府又要发行新债券了,吉诺斯在欧洲早已腾出手来,皮尔庞特也精神焕发,再加上德雷克塞尔家族的鼎力相助,这正是打败库克的最好机会。

打败"白须帝王",要从组建辛迪加开始。辛迪加出自法文,是指垄断组织形式的一种。当不同的企业参加辛迪加之后，虽然在法律上和经营上保持自己的独立性，但在具体商业事务上，需要由总办事处统一办理，而内部的企业也可以保持竞争关系。

随着经济发展，大规模融资成为银行财团之间的争夺项目，可由于融资额巨大、风险难以承受，仅仅一个家族、一个财团是根本无法完成的。库克就采用了组建辛迪加的方法，在债券发售竞争中取得领先优势。由于第一笔债券发行状况不佳，财政部部长乔治·鲍特韦尔专门接见了库克。库克应承下来，随即将罗斯柴尔德财团和另外一个犹太家族组织到一起，形成跨大西洋辛迪加来共同承销，债券的销售业绩迅速大幅提升。

皮尔庞特建议以其人之道还治其人之身。在吉诺斯的牵头下，德雷克塞尔家族和莫顿-布利斯公司以及欧洲的巴林公司联合起来，形成新的辛迪加，其中纽约的德雷克塞尔-摩根公司，将作为对抗的主力。时年刚刚35岁的皮尔庞特将站到最激烈的前线，他精力旺盛，渴望着用一场胜利回报父亲，同时实现自己在金融界的回归。为此，他仔细研究了库克一直以来的生意手法，并迅速找到了其中的破绽。

库克的发迹史，与许多金融家相比，十分"不干净"，尤其是1869年他在为北太平洋铁路公司融资时更是如此。那次融资的规模在1亿美元左右，库克为了把债券推销出去，简直无所不用其极：他设计出了种种离奇荒谬的手段去欺骗来自欧洲的移民投资者，在广告画上，本应横穿荒漠大平原的铁路两旁全都成了硕果累累的果树林；铁路明明经过的是小城镇，却都被描绘成了繁华的大都市，例如明尼苏达州的杜鲁斯，被说成了"无盐之海的顶级城市"……

民间开始传出种种不利于库克的言论。这些消息说，库克之所以想要继续垄断政府的融资债券，是为了挽回自己在北太平铁路债券销售上的损失。由于安东尼·德雷克塞尔是格兰特总统的密友，加上家族在费城的影响力，

第四章 浴血奋战（1867年—1876年）

报纸上很快也出现了更多关于库克就要破产的"幕后消息"。

进攻的下一步指向了华盛顿。1873年1月，皮尔庞特动身来到华盛顿，劝说财政部部长鲍特韦尔不要将所有的政府债券业务都交给库克的公司，他建议，应当将业务分配给更多的银行家。与此同时，作为策应，德雷克塞尔也组织了费城银行家集团，在国会众议院进行游说，发起对抗库克公司的运动。

因群情汹汹，财政部最后决定，将销售任务一分为二，库克公司组织的辛迪加承销1.5亿美元的债券，而另一半相同数量的债券则交给摩根家族领头的这一方。库克损失了自己的半壁江山。

在华盛顿的谈判过程中，皮尔庞特不断通过电报向伦敦汇报最新进展情况并听取父亲的建议，但是到协议成立前的最后一刻，他来不及和伦敦协商，只能擅自做主了。等到协议达成时，吉诺斯斥责儿子说："我们知道你们的行动是出于好意，但是，在取得有关各方的一致同意之前，你们不应该采取行动。因为你们无法确认罗斯柴尔德财团是否会认可，而巴林公司也同样可能对你们的行为不予认可。如果真是这样，你们的处境将会非常为难。"

吉诺斯这次的判断错了，罗斯柴尔德财团和巴林公司都认可了协议。他们看到只有30多岁的皮尔庞特居然已能和美国总统、财政部部长以及库克这样的银行家直接谈判，并拿到了一半承销权，都相当震惊。

库克没想到煮熟的鸭子居然飞走了一半，但他只能接受这样的结果。传言其实并不假，由于他对北太平洋铁路公司的投资过大，已经在纽约清算所透支了15万美元，他迫切需要这笔生意来赚钱偿还。

这次从"白须帝王"的虎口夺食的行动，巧妙地展示了德雷克塞尔–摩根公司的实力。在这种实力的反制下，杰伊·库克的"帝王生涯"似乎也将穷途末路。

金融风暴中的磐石

1873年，美国新债券开始发行，初始发行收益并不好，在债券认购登记于2月底停止的时候，库克和摩根两边总共才发售了5000万美元的债券，这距离3亿美元的目标还相差很多。

这一年，国内经济紧缩，新的建设项目开始衰退，股票市场气氛开始改变。

过去五年内投资者的盲目投资遮掩了许多铁路公司普遍过量抵押的事实，投资者其实被狠狠敲了一笔——铁路公司利用作假资产评估为依据，发行大量新股票，在市场上吸纳资本，但股票价格本身却掺水无数。

其他问题也同时暴露：西部新开发的土地上种植了更多粮食，但当年夏天，欧洲对美国的农产品需求开始减少，美国的小麦因供过于求而价格下跌。另一方面，政坛上的莫比利埃信用丑闻[①]爆发，加上之前一系列丑闻诸如伊利铁路争夺事件、奥萨铁路流血事件、黄金投机黑色星期五事件等的积压，让公众感到厌烦和悲观。

库克的破产成为压垮金融界的最后一根稻草，截至这一年8月15日，北太平洋铁路公司共欠库克领头成立的银行辛迪加将近700万美元，而这家公司没有能力偿还。9月18日，库克最后一搏，召集了几家纽约银行的老板，希望从他们那里得到支援，但他们拒绝再向库克提供帮助。于是，当天上午快结束时，库克的纽约分公司宣布倒闭。

这个消息令人震惊，随后费城的库克总公司宣布破产，向他提供了过量

---

① 该公司为了能够从联合太平洋铁路建设中获取好处，而以极低价格向包括副总统斯凯勒·科尔法克斯在内的政府官员和国会议员出售其股票。

第四章 浴血奋战（1867年—1876年）

贷款的美国第一银行也陷入困境。一连串蝴蝶效应让整个美国金融界陷入恐慌，银行没有事前通知就宣布收回贷款，而储户则开始挤兑存款，几乎所有的银行业务都面临瘫痪。

9月29日，纽约证券交易所有史以来第一次关闭市场，全国性经济危机开始，整个美国共有5183家企业损失超过两亿美元。比起其他公司，德雷克塞尔-摩根公司受到的冲击要小得多，有惊无险地度过了这次危机。

之所以能顺利过关，是因为皮尔庞特早有准备，在经济危机爆发之前，他就开始积极回收贷款，并建立现金储备，以备将来之需。4月时，他就告诉父亲，自己打算只接受"受到欢迎而万无一失，毫无后顾之忧且能够偿付利息的"债券。合伙人约瑟夫·德雷克塞尔曾打算进行高利率债券投机，皮尔庞特断然反对。

由于事先防范得当，德雷克塞尔-摩根公司的生意几乎毫无损失。在经济危机上升到最可怕的时候，皮尔庞特还向德雷克塞尔财团报告说，不管费城和纽约在发生什么，他的公司都不需要担心，因为银行的账目上有将近150万美元的现金，接下来，只需要等待着灾难停止蔓延就可以了。

经济危机的影响不断持续，摩根家族的事业和生活却没有受到什么影响。7月时，皮尔庞特的第四个孩子诞生，他的心情相当舒畅，向父亲报告公司的情况时也用"进展顺利"来形容。库克公司宣布破产的第二天，皮尔庞特还通过电报向吉诺斯汇报说："费城和纽约遭到了严重打击，史无前例的打击。"在谈话中，他向同事描述，相比1837年的经济恐慌和1857年的经济危机，这次经济危机相当厉害，简直是一场"飓风，而且在袭来之前一个小时连警报都没有"。

1873年，皮尔庞特又投入了20多万美元到公司的资本中。同年初春，全家人住进了新的乡间别墅，皮尔庞特还买了游艇，用女儿的名字命名为路易莎号。第二年的情况也差不多，公司大多数投资和贷款都只和政府债券有关，不需要参加什么风险性的活动。

经济危机的第三年，也就是1875年，皮尔庞特的商业事务依然平静，他只参与商人和银行家的普通日常活动。他还专门去了缅因州度假，天气好的时候他会和妻子与朋友们去野餐和郊游，下雨天则一起玩牌。

此时，皮尔庞特38岁了，他年富力强、兴趣广泛，成了美国自然历史博物馆的财务主管，热心于博物馆公益事业。也正是这一年，约瑟夫·德雷克塞尔退出了公司，整个合伙公司的掌控大权终于落在了皮尔庞特·摩根的手中。

1876年，经济危机依然在延续，皮尔庞特一家人却在欧洲和埃及旅游。他们在巴黎度过了1877年的春天，到5月，这个富豪之家才回到伦敦。晚上，他们或者出去听歌剧，或者到高档餐厅吃饭，或者在王子门街13号摩根宅邸中举办晚会，成为伦敦社交界的新一代名人。

皮尔庞特已经40岁了，虽然美国金融业一片低迷，但早有准备的他却能尽情享受事业与家庭的双丰收。

第五章
黄金时代
(1876年—1895年)

为美国军队付薪水

1879年，经济危机逐渐终结。库克早就破产，摩根辛迪加大获全胜，他们在英美共销售2.35亿美元的债券，根据当时《纽约论坛报》的计算，摩根家族从中获利将近500万美元。

如此高额利润在当时如同天文数字，但他们付出的并不少，不仅有家族几代人积累的金融知识、商业经验和社会信誉，更承担着重大风险：一旦承销商无法销售完他们手中分配到的债券份额，就意味着必然的损失，甚至会因此破产。

同时，美国政府的"金本位"政策也帮了摩根家族的大忙。1877年，新总统海斯任命参议员约翰·舍曼担任财政部部长，他上任的第一件大事就是推动国会通过了《1875年恢复铸币支付法案》，按照该法案，财政部将会从1879年开始用黄金偿还其所有的债务。

皮尔庞特非常支持该法案。和大多数美国东部银行家、国际贸易商一样，摩根家族希望政府能够扩大国内资本市场、逐步减少内战债务。在这个过程中，采取"金本位"制可以避免外国资本的逃离，反之，将美元和黄金的关系脱钩，政府大肆增印纸币，就会导致资产的贬值，将外国资本逼出美国，同时增加未来的借款成本。这会破坏国内经济，并严重影响美国的国际信誉。这个法案还表明，美国最终会以黄金来偿还债务，因此，摩根和罗斯柴尔德发行的新公债，欧洲投资者自然乐于购买，大多数债券都以比票面价值高的价格卖出，让公司大赚了一笔。

第五章 黄金时代（1876年—1895年）

摩根家族很快用行动表示，他们赚取如此多的利润，但也承担起了足够的公众责任。

事情要从1877年美国国会的一次否决案说起。1877年，共和党人拉瑟福德·海斯成为新一任总统，美国南部代表此时重返国会，南方社会从上而下终于承认了华盛顿作为国家政治权力中心的地位，但他们还是对美国军队有着很大的不满。对南方人而言，美国军队依然是其眼中的"北军"。

国会会议从1876年12月开始召开，一直到第二年3月，海斯总统的就职程序才结束，而在会议上争论最为激烈的议题就是关于军队规模的问题。南方的议员们团结一致，成功地阻止了向军队士兵发放薪水的提案。这样，到1877年财政年度结束时，财政部没有预算和拨款去支付士兵们的薪水，除非总统要求国会召开特别会议，否则军队欠薪将成为定局。

皮尔庞特·摩根不愿意看到这种情况，无论是为了商业利益，还是出于对国家的热爱，都让他下定决心提笔写信给当时的战争部部长麦克雷利，声称他的公司愿意向美国军队提供这笔资金。他建议，由他来兑换士兵的付薪券，然后当下一届国会开会的时候，希望议员们能够同意拨付款项来偿还费用，并按照法定利率归还利息。这个建议，几乎是麦克雷利当下的唯一选择，他只能同意。

在接下来5个月中，德雷克塞尔-摩根公司调动了250万美元现金，还自费向十余个城市派出人员，管理具体的发薪工作。当然，他们为此向军队收取了4%的酬金。

皮尔庞特冒了很大风险，国会是否会同意偿还这笔军费尚且不得而知，即使偿还，按照法定利率拿到的利息，再扣除运作费用，公司也赚不到什么钱。但在他看来这并不重要，自己应该为美国的军队履行应尽的义务。

这种想法果然明智，虽然没有赚到什么钱，但他赚到的却是难得的社会名望和有力的军队支持。日后成为美国军队将领的胡戈·斯科特，当时还只是一名普通士兵，听说发薪在即，他骑马专程赶到海伦娜，那里有摩根公司的付薪点。主管人在验证了他的身份之后，将他带到了一家银行，在那里，他的薪水券被摩根家族的信用担保并被兑换成现金。后来，斯科特深有感触地说："当军队需要朋友时，摩根就是我们的朋友。"

从这次发薪开始，金钱在皮尔庞特眼中更多地成为实现理想的工具，而不是目标。通过这次付薪行动，摩根家族在美国的政治和社会地位进一步提高。

1877年11月8日，吉诺斯·摩根回到纽约，一场盛大的宴会正等待着他，出席者包括美国政商两界共94人。这次宴会在著名的德尔尼莫克饭店举行，出席者既有为人所尊敬的商界元老、政坛前辈，也有像皮尔庞特一样事业有为的年轻人。第二天，《纽约时报》将这场聚会称赞为"对一位没有公职的平民的最为非凡的表彰之一"。

宴会上，最让来宾们感动的一刻，是吉诺斯郑重地拿出国父乔治·华盛顿的一封信，这封信是华盛顿在1788年写给一个英国朋友的，那时，美国已经在酝酿独立了。吉诺斯朗诵着信件："如果这些人，能够被同样的爱国主义情感所激励，如果他们忠实于自己，世界上便没有任何力量能够阻止他们建立一个伟大而富强的国家。"

此时，也没有任何力量能阻止摩根家族建立一个伟大的公司了。

资本点亮了电灯

1879年初，欧洲遭受自然灾害，进口粮食的价格开始上涨，美国农业因

第五章 黄金时代（1876年—1895年）

此复苏，华尔街则更早地预测了经济复苏的景象。2月初，皮尔庞特在写给商业合作伙伴的信件中说道，自从年初以来，华尔街大笔生意洽谈一个接一个，显得特别兴隆，实属近年来罕见。

相比这些大生意，皮尔庞特·摩根更关心一桩看起来不大的生意。1878年，他写信给沃尔特·伯恩斯说："过去几天，我一直在尽力促成一笔生意，这很可能是最重要的一笔生意……它不仅对世界具有如此重大的意义，从某个角度来看，此事对我们更是意义重大。"

这桩生意的主角是爱迪生和白炽灯。此时的托马斯·爱迪生在电报、电话和留声机等方面做出了巨大的贡献。1878年4月，他刚刚将留声机带到华盛顿，向总统和夫人、国会议员和科学院进行了展示。当年秋天，他又将注意力转向了灯具，当时，室内大多使用煤气灯或者蜡烛，而城市街道和大型公共广场则使用弧光灯。为了让电流能够变得"更小"，从而打造出适合家用的电灯，爱迪生持续试验并最终获得了成功。他对外宣布，他还要在几周之内做出开发系统，让电力比煤气更加便宜。

这套方案最大的瓶颈在于资金。爱迪生先是成立了爱迪生电灯公司，发行了30万美元的股票，这显然不够推广产品所用，于是他又通知其律师格罗夫纳·劳里进行融资。

那时候的爱迪生才31岁，他没接受过正规教育，完全靠自学成才。他不拘小节，头发不梳理、衣服也不更换，甚至根本不回家睡觉，而是在实验室夜以继日地工作。这样的形象，让严谨的银行家们觉得他很不合适作为投资对象。此外，更大的分歧还在于理念上，爱迪生白手起家，习惯了自行安排工作，即使在成立公司获得投资之后，他还是习惯于自行规划和使用经费，这让他的律师劳里感到融资任务相当棘手。

一个月后，劳里通过关系，将此项目介绍给了皮尔庞特。皮尔庞特很快看到了爱迪生的电灯的价值，但他也有所担心地在给朋友的信中写道："我担心父亲会觉得这是异想天开，但是我相信，他会改变看法的。"

很快，皮尔庞特和爱迪生有了实质性接触。到11月19日，皮尔庞特电告伦敦说，生意大有希望，而且希望能够和伦敦方面在英国开展联营，他强调说，这次投资几乎没有风险，只需要很小一笔资金，而如果成功则收获难以估量。

吉诺斯并不为爱迪生的计划所动，他心存疑虑。皮尔庞特最终决定，就算得不到父亲的支持，他也要为爱迪生的项目提供资金。

此时，爱迪生电灯公司的资金即将告罄。爱迪生忙于解决技术问题，建造中型发电站、建立生产必要设备的工厂等，但董事们却失去了耐心。1879年，董事会不愿意再追加投资，爱迪生为了增加资金只好卖掉了自己的大部分股份，剩下的股权也进行了抵押借贷，甚至开始找朋友们借钱来继续他的发明。

在这关键时刻，1880年底，德雷克塞尔-摩根公司终于出手了，皮尔庞特决定提供100万美元的股份，组建起新的公司——爱迪生电力照明公司，该公司的第一个项目就是在曼哈顿商业区的珍珠大街上建立起第一座中央发电站。皮尔庞特掌控了这个新公司的运营，并且获得了国内外白炽灯泡的经营销售权利。

1881年，在巴黎举办的电力产品展览会上，爱迪生的电灯获得了广泛的关注，巴黎歌剧院将之引入休息室进行照明，德国的工程师与实业家埃米尔·纳森罗和维尔纳·冯·西门子也很感兴趣。1882年，爱迪生的发明又在英国水晶宫展览会上大放异彩，其公司获得了在伦敦建造发电站的工程项目。吉诺斯的想法也改变了，1882年，摩根家族在伦敦成立了爱迪生电灯分公司。

面对摩根家族的支持，爱迪生承认，德雷克塞尔-摩根公司是自己最好的合作伙伴。尽管摩根家族会在某些事情上表现得比较强势，但他们从不作空头承诺，还会鼎力支持他的发明。

1882年9月4日，曼哈顿的珍珠大街上的中央发电站开始运行，它是美国的第一个商业发电厂。爱迪生有些得意地告诉媒体记者："我已经兑现了我承诺的一切。"

皮尔庞特的新家成为全世界第一个使用电灯的家庭，爱迪生本人前来装好了所有灯泡，但点亮它们则相当麻烦——整个系统需要以地下室的蒸汽发电机来启动，发电机一启动就会发出巨大的噪声、冒出滚滚浓烟，以至于隔壁邻居前来抗议。一个月后，爱迪生电力照明公司才派出技术人员，改装了发电机和地下室，算是解决了问题。

为了庆祝电灯的使用，皮尔庞特家举行了聚会，邀请了很多朋友前来参观。但没过多久，当全家出门观看歌剧时，图书室的电灯线路烧了，那个房间里的整个书桌、地毯都被烧毁。前来负责勘查现场的是爱迪生的助手爱德华·约翰逊，他尴尬地注视着地板上那堆分辨不出形状的焦炭类物体时，皮尔庞特出现在门口。

约翰逊清清嗓子，打算说那些准备好的解释和道歉。但此时，夫人方妮出现在皮尔庞特身后，她做了个将手指放在嘴唇上的手势，然后离开了。约翰逊连忙闭上了嘴。

皮尔庞特的双眼从眼镜上方看着约翰逊，过了一会儿后平静地问道："那么，现在你们打算怎样做？"

约翰逊老实地承认："我们要对系统进行安全处理。"

"那得多久？"

约翰逊继续说："我马上开始工作了。"

皮尔庞特点点头："好，那就看你的了。"

皮尔庞特在爱迪生的电灯推广项目中坚持不懈，花费了大量金钱，也遇到了种种麻烦，但他清楚地知道，一项好发明在转化成为成功的商业成果之前，需要投入的还远远不止如此。这种想法被其子女接受，1883年，皮尔庞特的儿子杰克从圣保罗中学写信给姐姐路易莎："当然，这是一个电力的时代……如果一个人不懂电力知识，那可是非常羞耻的。"

1931年10月18日，当爱迪生去世时，美国无数家庭纷纷选择关闭电灯来纪念这位伟大发明家。但不应忽视的是，爱迪生并非"发明"了白炽灯，他寻找到的是最适合做白炽灯灯丝的材料，真正将白炽灯带入千家万户的，正是人们眼中为了获取利润而四处投资的"资本家"——皮尔庞特·摩根。

中央铁路易主

1879年，吉诺斯·摩根处于半退隐的状态，他和皮尔庞特交换了在家族中的位置：吉诺斯更多地待在纽约，而皮尔庞特却经常去伦敦管理家族企业。这一年，皮尔庞特开始真正独立起来，负责家族最主要的交易。他面对的第一个大项目，就是承销纽约中央铁路公司的股票——当时公开上市量最多的大宗股票。

纽约中央铁路公司的来由并不简单。这家公司属于大名鼎鼎的科尼利尔斯·范德比尔特，他的绰号为"船长"。"船长"白手起家，毕生从事船运业、铁路业和建筑业，到1877年他去世时，个人财产达到1.05亿美元，是当时全美国甚至全世界最富有的人。

在去世之前，"船长"将其拥有的纽约中央铁路公司的股票中的87%拿出来，遗赠给了大儿子威廉·亨利·范德比尔特。

这时候的威廉已经接近60岁了，他的性格老实、内向。早年，"船长"

让他到斯塔滕岛上管农场，没想到，经营了几年之后，农场局面大大改观，于是"船长"把他调回了铁路公司担任副总经理。但是，一辈子在父亲阴影下工作的威廉，真的能够掌控好如此庞大的纽约中央铁路公司吗？中央铁路系统规模是相当庞大的，"船长"花费了许多财力和精力，合并了11条小铁路，形成了长达4500英里的中央铁路，北部从纽约城到奥尔巴尼，西部直达五大湖，内陆地区因此能够直通东部港口出海。

在"船长"去世之后，公众舆论对中央铁路股权结构的"家族化"现状怀疑不已，人们要求这家公司对公众负责。

1879年，纽约州议会听证会召开，调查围绕着纽约中央铁路的秘密交易进行，委员会认为，铁路私下里向炼油厂提供优惠运价违背了市场规则。威廉好像对此并不知情，当纽约州宣布要开始向纽约中央铁路公司征收惩罚性的税款时，他提出要卖掉公司的大宗股票，自己持有少数股份，换来州议会的"宽恕"。

再说，威廉也不喜欢独掌纽约中央铁路系统，他对人这样说："我们不断地遭受来自国会和公众的拳打脚踢，我觉得这一切不该只有我一个人承担，应该让其他人也负担一些。"

就这样，他找到了皮尔庞特。之所以做出这个决定也并非偶然，威廉喜爱艺术和慈善，皮尔庞特为多家博物馆所做的工作、在宗教界的影响力，都给威廉留下了很好的印象，更重要的是，皮尔庞特的父亲是大名鼎鼎的吉诺斯。如果说在华尔街直接出售父亲留下来的股份显得有伤脸面，那么跨越整个大西洋到伦敦去出售股票，就能够有效避免流言蜚语，还能在未来拥有来自欧洲的股东力量来制衡公司内部。

当威廉找到他，并说明来意后，皮尔庞特就硬生生应承下这个艰巨任务。从技术层面上来看，出售15万股股票还要做到股价稳定而不暴跌，这有相当大的难度。即使是由横亘英美两国的摩根家族出面，事情也没有威廉想象的那么容易，因为此时的英国人经常受到美国资本市场上诸如古尔德之流的欺骗，对美国股票有了很大的警惕心。更何况在那样的时代，很多手续都无法像今天这样齐全完备，后来纽约中央铁路公司的《募资说明书》都显得十分含糊而搞笑："本公司的地位和信誉久负盛名，无任何必要做公开说明。"①

想要在这种情况下将买卖做成，皮尔庞特清楚，必须将身份和家产压进去，然后再用家族的整体信誉来为在英国出售的股票进行担保。他立即写信给在英国的父亲，吉诺斯随即到了纽约，父子俩共同和威廉会面，商讨最好的计划。他们向威廉提出要求——范德比尔特家族在一年内不能再出售股票，或者起码要等到所有银行手中的股份都出售了才可以。威廉当然满口答应。

11月25日，一群银行家和铁路公司高层走出了德雷克塞尔-摩根大楼，记者们一拥而上，新闻随之发布：摩根父子带头，组成了银行辛迪加，负责承销纽约中央铁路公司的15万股股票。

对威廉·范德比尔特来说，承销生意对他来说已经完成了：银行家们付给他1800万美元，买进了15万股的纽约中央铁路公司股票，纽约证券交易所中，这只股票的市价是135美元，这意味着银行家们还有225万美元的利润空间。而其中绝大多数的股票被J.S.摩根公司拿到英国证券市场销售。这样一来，皮尔庞特·摩根成了英国股东在纽约中央铁路董事会的代表，成为重要的董事会成员，摩根家族就此掌握了这条铁路所有和银行有关的业务，并有权经营其股票和债券。

这是摩根家族在美国迄今为止最大的生意，而且这次的承销还给其他银行家带来了新的思路和方向，这意味着银行家也能够为铁路和其他商业融

---

① 纽约中央铁路和哈德逊河铁路公司《募资说明书》，1879年。

资，并借此成为所有权人，美国的资本主义经济体系开始发生变化。

1880年，皮尔庞特再次出手，他牵头组成的辛迪加再次以6%的利率，承销了4000万美元的北太平洋铁路公司债券。1881年，他组成新的辛迪加，卖出2000万美元的北太平洋铁路公司债券。由于摩根家族的名望，这一次，他们发行的债券超额了3倍半，并大都在英国销售一空。

毫无疑问，摩根家族不仅掌控了纽约中央铁路公司的财务权力，而且随着融资帝国的扩大，他将掌控之手向美国铁路行业覆盖，这个事实将会在随后他对纠纷的仲裁中得以进一步确认。

以摩根之名仲裁

1885年，突如其来的铁路价格之战忽然打响。皮尔庞特原本无意介入纷争，但最终他还是积极地斡旋，奠定了其在资本界中纠纷仲裁者的地位。

这次价格纷争的爆发看似突然，但如地下岩浆般运行不息的资本和野心，早已在背地里为之埋下引线。从19世纪80年代开始，由于股票价格的不断翻倍，修建铁路成了美国最狂热的投机举动，对政府和立法机构的行贿更是刺激了这种风潮。

在这样的大环境下，敢于挑战行业巨头的铁路公司也逐渐出现，西岸铁路公司就是其中最典型的一个。

西岸铁路公司，由杰伊·古尔德联合乔治·普尔曼公司联合创建。成立的目标就是为了挑战纽约中央铁路公司，为此，普尔曼公司迅速从华尔街筹集了1500万美元，然后吹响了进攻号角：铁路工程从新泽西的威霍肯市开始,穿越曼哈顿岛,一直铺设到哈德逊河西岸。

这条路线,"恰好"和纽约中央铁路相互平行。

"平行路线"的竞争手法,虽然名声不佳,在当时却被广泛运用。铁路赚钱靠的是垄断性质,只要出现竞争者,即使规模不大,也能让原有的投资者头疼不已——新出现的铁路公司往往拒绝运送货物到"平行路线"上,再加上降价措施,原有线路的市场就会犹如被瓜分的蛋糕一样支离破碎。

西岸铁路公司的行为当然略显卑劣,不过皮尔庞特认为这和自己关系不大。虽然皮尔庞特本人是纽约中央铁路公司的董事会成员,但最初他并没有很重视西岸铁路公司的工程。尽管建设如火如荼地进行,但对皮尔庞特的影响甚微,最多只是那巨大的噪声破坏了他在科雷斯顿庄园的宁静,导致他的家人和来宾们得在不安中度过本应静静享受的午后。除此之外,他没有任何卷入其中的想法,正如数年前父亲在信中对他提出的希望那样:"我希望你不要被引诱进官司诉讼,人生太短了,不足以应付诉讼。"

当然,皮尔庞特更不会去支持西岸铁路公司,尽管也有朋友参与了西岸铁路工程基金会,但他却毫不动心,他不想投资这条破坏了自己宁静假日的铁路。

树欲静而风不止,即使皮尔庞特想要置身事外,利益相关者们却无法坐视不理。

在铁路界,早就有呼声涌起,要求能有金融巨头来平息种种"合理"或者"不合理"的竞争,让垄断局面得以安定。正如实业家塞勒斯·菲尔德在当时给J.S.摩根的电报中所写的那样:"这里的许多投资者似乎都失去了理智,我们急需的是头脑冷静而意志坚定的人来成为领路人。"

就纽约中央铁路公司而言,金融巨头范德比尔特家族原本可以成为其支柱,但问题是威廉·范德比尔特早就放弃控制纽约中央铁路公司,转而投资政府债券和其他领域。此时,他持有的纽约中央铁路公司的股票只有8万股,根本不是公司的大股东。

面对群龙无首的纽约中央铁路公司,西岸铁路公司来势汹汹,随着铁路通车的汽笛声大作,票价大战也无可避免地到来。搅局者西岸铁路公司将票价降低到20美元一张,而且乘客可以在同一个月中凭票免费使用公司的铁路,纽约中央铁路公司则只好兵来将挡,把票价降低到原来票价的25%。

恶意的降价竞争很快导致两家公司都陷入亏损,而股票市场上,双方股票价格也开始一路下滑。

这种恶意竞争让隔岸观火的宾州铁路公司乐观其成。他们迅速买下西岸铁路公司大量的抵押债券,一旦西岸铁路公司在降价战中被拖垮,宾州铁路公司就能借此吃掉这个搅局者,壮大自身实力,和纽约中央铁路公司抗衡。

情形对纽约中央铁路公司变得不利起来。他们并不担心搅局者,却为宾州铁路公司的"黄雀在后"而忧心忡忡。为此,在安德鲁·卡内基提供的5000万美元投资下,他们开始修建南宾夕法尼亚铁路,这条铁路穿越阿勒格尼山脉,从费城直到匹兹堡,如同在宾州铁路公司身边埋下了一颗定时炸弹,随时都能先发制人。

这种紧锣密鼓的准备在1885年终于见效。西岸铁路公司毫无意外地破产,并马上被宾州铁路公司接管。而南宾夕法尼亚铁路也建设完工。

更大的一轮竞争似乎箭在弦上,难以避免。

此时此刻,吉诺斯终于坐不住了。他一直是纽约中央铁路公司的财务代理人,这样的恶意竞争惹恼了他,他很不情愿地看见公司股票跌到面值以下,股息也降低了一半。

同时,皮尔庞特也转移了注意力。他虽然并不关心铁路的工程技术,但他知道,铁路公司如果陷入价格竞争,收入就会降低,随之而来的是它们将无法在纽约和伦敦的债券市场上付出债券利息。因此,他认为必须要想办法解决两大铁路业巨头之间的纷争。

在父亲的授意下，皮尔庞特去往欧洲。在伦敦，父子见面之后，都对这种"荒谬的竞争"表示出强烈不满。他们一致决定，必须说服双方坐到谈判桌前。

皮尔庞特回到纽约之后，迅速开始了自己的斡旋计划。首先，他说服纽约中央铁路公司的原大股东范德比尔特，建议他重新买入股票，稳定价格。进一步，在皮尔庞特的劝说下，范德比尔特同意心平气和地讨论，作为行业传统领军者，他们当然不愿意长久陷入麻烦。

但宾州铁路公司的董事长乔治·罗伯茨则与之相反，他始终不愿意进行谈判，当皮尔庞特和纽约中央铁路公司总裁乔希·德普亲自去见他几次之后，也没有表态。

放在皮尔庞特面前的，不只是生意场上的竞争局面，更有深层的人性博弈。虎视眈眈的纽约中央铁路公司和宾州铁路公司，争夺着市场的同时，也在争夺未来在行业内的话语权，位于领先位置的前者愿意退让，但挑战者却似乎并未满足。皮尔庞特知道，自己只有拿出充分公平的方案，才能在这次裁决中让所有人闭嘴，进而获得最大的利益。

深思熟虑之后，皮尔庞特决定改变策略，他邀请宾州铁路公司的董事长乔治·罗伯茨和副董事长弗兰克·汤姆逊来乘坐自己的豪华游艇"海盗号"。

游艇上的气氛一般比较轻松。后来有人猜测，皮尔庞特选择游艇这一地点，是为了能更好地保密，从而让双方都坦然相对。面对如此猜测，皮尔庞特略带狡黠地说道："我可从未这样想过，不过，也许是这样吧。"

1885年7月20日，天气炎热，上午10点钟，客人们准时来到泽西城的专用码头，登上了崭新的游艇。皮尔庞特和乔希·德普早已在船上等候。宾主相互寒暄落座，汽笛轻快地鸣叫一声，烟囱中冒出浓浓黑烟，哈德逊河两岸的风景很快随着船体加速而向后移动。但客人们却无心观赏，因为他们被皮尔

第五章 黄金时代（1876年—1895年）

庞特的话语吸引了。

作为东道主，皮尔庞特自信地坐在后甲板天棚下，安逸地享受着河上轻风带来的凉爽，在他嘴边，是几乎从不离身的粗大黑色雪茄。他简短地告诉双方，欧洲的投资者对美国铁路事业已经十分不满了，但问题究竟出在哪里，他恐怕也无法判定。

接下来，皮尔庞特就停止了说话，安静地听取面前两大铁路公司高层的争论。

这是皮尔庞特在商业谈判中一向擅长使用的策略，他从不滔滔不绝，而是巧妙地给对方施加压力，让谈判对手感到紧张。在这种调停局面中，当紧张气氛到达沸点并凝固起来之后，双方反而会因为共同面对的压力而冷静讨论。

这正是皮尔庞特的长处所在，他知道此时他最应该扮演的是诚实公正的第三方，而绝非主角。当双方各自的意见发表完之后，怒气似乎也随着哈德逊河的河水流逝一空。皮尔庞特继续建议道，大家与其继续在恶意竞争中耗下去，不如合作，而合作的内容并不复杂，可以由纽约中央铁路公司来接管西岸铁路公司，相应地，南宾夕法尼亚铁路交给宾州铁路公司。

这种互惠互利并重新划定疆界的提案，吸引了已经冷静下来的罗伯茨，他虽然并没有点头，但显然已经听了进去。

为了让对方进一步放心，皮尔庞特坦然地说，所有交换接管的细节都会有细致的计划，最重要的金融方面的问题则由他的公司一手解决，并且根本不需要罗伯茨付出任何费用。

接下来的行程中，皮尔庞特都在解释着整套方案，纽约中央铁路公司的乔希·德普也表示赞同。游艇已经开始掉头返回泽西城，然而，固执的客人们依然保持沉默，罗伯茨始终未置可否。

皮尔庞特沉默下来，他相信，自己该做的事情已经做完，而剩下的就是耐心等待。他抽起黑色长雪茄烟，静静地望着栏杆外已经暗淡下来的天空。

当"海盗号"重新回到泽西城的码头之后，罗伯茨缓缓走出船舱，踏上了跳板。然后，他回头握住皮尔庞特的手，说出改变了之后商业进程的话语："我同意你的计划，并且，我将为之尽力。"

随着这句话，两大铁路公司之间的大战终于烟消云散。皮尔庞特在商业生涯中第一次充当铁路业的调停人就取得了巨大的成功。

1885年7月，双方签订协议宣告和解。这份协议被媒体大加赞赏，称其为"海盗号"协议。消息传到欧洲，在伦敦的吉诺斯也表示赞赏，他对妻子说："就算是我出面，也不可能像皮尔庞特处理得这么漂亮。"

协议的示范性是强大的，其他铁路公司如梦初醒。他们发现，如果总是恶意竞争，对生意并没有什么好处，只有坐下来谈谈合作才是正路。

原本只是被看作银行家的皮尔庞特，因为这次调停的成功，而在48岁这一年重新被华尔街和媒体审视。铁路行业内部的恶性竞争被他轻松化解，这让他的能量显得更加神秘莫测。换而言之，他原本那种只会玩弄证券与钞票的银行家形象就此被能够积极保护股东利益的银行家形象替代。

这也正是摩根家族需要的结果。

铁路行业的新霸主

由于成功调停了纽约中央铁路公司和宾州铁路公司之间的纠纷，随后几年，皮尔庞特不断受到邀请去协助几家铁路公司的重建。但他的力量毕竟是有限的，随着美国铁路公司相继的破产、欺诈、管理失误和恶性竞争，共有

第五章 黄金时代（1876年—1895年）

65条铁路被抵押权人提前关闭，到1878年，破产的铁路占了全美国铁路里程数的20%，外国投资人有2.51亿美元的债券因此无法兑现。

为了能让铁路行业健康发展，皮尔庞特不断涉足铁路行业，他先是组织了一个辛迪加，对瑞汀铁路公司进行重组，然后又挽救了巴尔的摩和俄亥俄铁路公司，并为此发行了1000万美元的债券和1000万美元的优先股。然后，他又分别资助了纽约公司、伊利湖公司和西部铁路公司。当然，皮尔庞特自己很少参与投资细节，很多事都是由他的合伙人查理·科斯特处理的。

皮尔庞特从投资中能够赚到比投机更多的钱，这和他与父亲承销政府债券有着相似的道理，为铁路或其他企业代销股票或债券，因为数量巨大，总是能够带来巨额的利润。比如，为联合太平铁路公司发行的550万美元债券，虽然摩根公司只能拿到0.5%的手续费，但也有2.75万美元。如果一年有几十次这样的收入，也就有相当丰厚的利润了。

皮尔庞特想建立全美铁路企业联合会来协调行业内部的问题，避免再出现之前那些情况，以免对投资和金融产生负面影响。1888年12月，在麦迪逊大街219号的自家宅邸中，他召开了一次铁路公司会议，会议确定，各大铁路公司在60天内将保持运输价格不变。1889年1月，另一个类似会议再次召开，皮尔庞特不相信法律能调节行业矛盾，他更希望看到铁路业主和银行家之间形成协议：不再铺设不必要的铁路，不准进行降价竞争。想要有这样的约束力，皮尔庞特希望能够建立庞大的州际商业铁路协会，这个大组织将会规定运费并进行仲裁，对违反规定的公司加以处罚，皮尔庞特将成为这个组织的首脑。

这样的想法有点不够慎重，他对自身的公正态度和判断能力坚信不疑，但他并没有看到这种集中权力企图的危害性。另外，那些没有签订协议的小公司依然能够削减运费并逼迫大公司开始恶性竞争，即使是名望和实力一流的皮尔庞特也解决不了。

认识到计划操之过急，皮尔庞特开始将35家原本独立的铁路企业联合起来，组成南部最大的铁路公司，这次联合的困难在于理查芒德和维斯庞特终点铁路与货运公司，内战结束以来，少数主要大股东拥有该公司大部分普通股，皮尔庞特决定，一定要让这些大股东在公司重组之前将股票转让给他，从而避免重组中出现投机行为。最终，铁腕压倒了那些大股东的贪欲，他们终于明白，如果自己不停止投机，皮尔庞特就不会开始重组公司，因此，这些大股东只好选择放弃。

下一步，皮尔庞特开始具体指挥南方铁路网线的重组工作：首先，他派出自己的得力合伙人查理·科斯特和萨缪·斯宾塞去对重建潜力加以评估，这项工作相当复杂，因为重建后的铁路网将包括35家小公司和价值2500万美元的股票。在两人辛勤的考察工作下，皮尔庞特收到了答案——只要每种股票的大多数股东都把股票存入皮尔庞特的公司，重组就能够开始。

其次，皮尔庞特需要减少这些铁路公司的固定负债，降低证券的价值，从而减少固定费用，迫使债券持有人愿意接受普通股和优先股，或者接受利率较低的债券。通过努力，价值总共1350万美元的债券和负债最终减少到了94万美元。这样，各家公司的利润就能负担起经营费用和还贷的利息，做到这点之后，皮尔庞特还出面要求股东接受对股票的重新估值，并要求他们或者提供有效资本，或者放弃股票，股东们相信他，认为他会买下股票并完成重组计划，于是接受了估值。

最后，皮尔庞特开始公开发行新股票，目的是解决铁路公司运营所需要的资金。摩根家族代为发行新股票的价格并不低，这次的价格则是85万美元，为了能够促进重组的成功，公司提出可以接受下面的付款方式：10万美元用现金付款，另外75万美元则是南方铁路公司的普通股票。看到这一点，其他股东的信心大为增强，他们相信皮尔庞特肯定能将重组计划完成，否则就无法收回目前的75万美元股票。

在完成这些工作之后,皮尔庞特着手建立董事会,这是确保皮尔庞特重组计划成功的重点。铁路的表决权,掌握在皮尔庞特·摩根和他的朋友查理·拉涅尔、纽约第一国家银行总裁乔治·巴克手中,而摩根公司的助手萨缪·斯宾塞出任新的南方铁路公司的总裁。

南方铁路公司的重组就此顺利完成。1893年8月,北太平洋铁路公司终于破产,皮尔庞特参与了重组项目,10月完成了重组。同年,被杰伊·古尔德掠夺一空的伊利铁路公司也由摩根家族进行了重组。由于被金融机构和股东反对,皮尔庞特只好进行第二次重组,这次重组帮助摩根公司赚了50万美元。

到1895年前后,皮尔庞特·摩根成了美国铁路业最重要的"国王",他虽然没有实际控制其中的每条铁路,但全美各地的铁路公司都有他的影子。在大西洋沿岸,他拥有纽约中央铁路和南方铁路网等铁路线的影响权;在美国中部,有伊利铁路公司、瑞汀铁路公司、巴尔的摩和俄亥俄铁路公司以及切萨皮克和俄亥俄铁路公司;在西部,则包括北太平洋铁路公司和大都会北方铁路公司。

后来,到1900年时,美国的铁路最终合并为六大系统,摩根家族控制了整个国家六分之一以上的铁路业。

第六章
王者摩根
（1895年—1913年）

蔓延，操纵资本之手

19世纪80年代开始，摩根家族的权力中心逐渐从吉诺斯转移到皮尔庞特。在长达30年的岁月中，吉诺斯源源不断地将美国债券和股票推销到欧洲，又源源不断地将资金如输血般注入祖国。19世纪80年代后期，当美国已然成为世界上工业最领先的强国时，吉诺斯仿佛看到了自己退休的信号，他不再像以前那样关注家族事业了。

1884年，吉诺斯的妻子去世，享年68岁，他待在英国多佛的宅邸中，照应着花园和草坪，并接待每天来访的客人，到冬天他会到摩纳哥的蒙特卡洛租一套别墅，享受露台花园、陡峭的地中海山坡和郁郁葱葱的橄榄树林，这里的生活非常适合老年人。

1890年3月末，皮尔庞特和以前一样，去欧洲探望父亲。这一年，皮尔庞特即将步入53岁，而吉诺斯已经年满77岁了。当皮尔庞特还在大西洋上时，一天下午，吉诺斯出门，乘坐着一辆轻型四轮折篷马车，沿途经过铁路线时，火车让马受惊并狂奔，吉诺斯想站起来探查情况却被摔到车外，马车继续跑了150码①之后才被控制住，马车夫返回之后发现吉诺斯躺在路边一面石墙旁边，已经不省人事。

皮尔庞特乘坐的"图托尼克号"到达爱尔兰港口的时候，有人上船将

---

① 码，长度单位。1码约合0.9米。

第六章 王者摩根（1895年—1913年）

电报交给了他，告诉他这个可怕的事故。4月9日，刚刚到达利物浦时，另一个人上船将最新的电报交给心急如焚的皮尔庞特："8日0点45分，你的父亲辞世。"

这个金融界的霸主在那一刻瘫倒在地，放声大哭。现在，他面对的是生命中最重要的告别，那个为他的生活和事业掌舵53年的男人，那个从幼年时就守护他经历风雨洗礼的男人，那个大多数时间都在责备他只有最近才开始为他自豪的男人，就此从他的世界中消失了。

1890年5月，在哈特福德的葬礼结束后，皮尔庞特·摩根接任了父亲的职位，成为J.S.摩根公司的总裁。在大西洋两岸，只剩下唯一一位可肩负重任的摩根，这让皮尔庞特的事业和生活发生了巨大的变化。他发现，管理范围增加了，以前他更多关心美国经济情况，而现在他必须要从世界的眼光来考虑问题。

不过，此时他也有了自己的帮手，唯一的儿子杰克已经从哈佛大学毕业，并和琼·诺顿·格雷小姐结婚，在纽约的德雷克塞尔-摩根公司中帮助家族处理事务，并成了费城公司、巴黎公司的合伙人。据说，杰克原本想成为一名医生，他之所以进入银行界，是因为父亲皮尔庞特认为这和家族荣誉有关。

在杰克进入公司的第二年，1893年，安东尼·德雷克塞尔因病医治无效去世，从此，最后可以控制皮尔庞特的力量消失了。由于德雷克塞尔的后代对生意并不感兴趣，1894年，皮尔庞特主管了这家公司，并于1895年改名为J.P.摩根公司，同时，巴黎分公司改名为摩根-哈耶斯公司，费城分公司虽然名义上依然是德雷克塞尔家族的，但他们退出了管理层，皮尔庞特将爱德华·斯托茨伯里任命为费城公司经理。

此后，皮尔庞特·摩根成为"独裁者"，他无法放下权力，埋头于堆积如山的商业事务中，不需要他人的建议。据记载，到1907年的金融大恐慌之前，他从来不举行合伙人会议，而且还自夸说："我能够在任何一名职员办公桌旁坐下来，继续他没有完成的任何工作……我不喜欢受人支配。"皮尔庞特有控制任何细节的能力和欲望，他每天都要检验核对现金的收入账目，并且一定能够看出其中有可能错误的数字。新年时，他会对所有账目加以审核，一旦发现某个错误，他的雷霆之怒就会让主管人员惶恐不已。

1893年，美国工业开始新一轮大萧条，摩根公司的实力却更加壮大，全国有15000多家商贸公司倒闭，每家公司都由摩根这样的银行重组接收并受到控制。例如1892年，爱迪生通用电气公司和汤姆森-休斯敦电气公司横向合并，成为通用电气公司，这家新公司在成立的第二年就陷入了破产阴影，摩根财团迅速有力地将它从险境中解救出来，通用电气公司从此对摩根财团忠诚不已。

铁路行业更是重要领域，全国铁路总长的六分之一被"摩根化"了，这些铁路收入的总和是美国政府全年财政总收入的一半。为了确保公司不会浪费拿到的融资，大部分铁路公司股票被变成"股权信托"，即由皮尔庞特和他的下属以5年为一个期限，直接参与经营铁路事务。这样，银行家们就不再只是局限于提供资金和建议，而是直接进入企业的经营领导层，金融和工业之间的分界显得模糊了。

每一个公司的破产，对皮尔庞特来说都是一次入侵的开始，而入侵通常是以其全面掠夺成功作为胜利的号角来结束的。当时，一旦有公司破产，银行都会打出资产清算的旗号，向公司的每个股东催讨债款，投资者们只好排着队将股票交给摩根公司，生怕脱不了手而因此变得负债累累。因此，皮尔庞特的掠夺看起来既不贪婪也不无耻，他衣冠楚楚，不仅合法，甚至因为能够拯救许多股东和企业而令人钦佩。

皮尔庞特对自己不断控制新公司的行为也有忠诚的信念，他认为只有自己才有能力去更好地整合美国经济，这样的信念让他不知疲倦地扩张。

当然，能够成为华尔街之王，皮尔庞特依靠的不是一己之力，还有他众多的"合伙人"(事实上这些合伙人无一不是他的下属,对他忠诚而恭敬),他选择合伙人并不看财富或资产,而是看才华和能力。

例如,萨缪·斯宾塞原本是战争时南军的骑兵,战后进入佐治亚大学学习工程学,毕业后,在巴尔的摩和俄亥俄铁路公司工作,最终成为副总裁。当皮尔庞特重组这家濒临破产的公司时,发现其才华,将他任命为总裁,斯宾塞广博的知识也给了摩根家族充分的报答,他比美国任何人都了解铁路,从车厢车闸的详细价格,到如何建造一个火车站,他无一不精通。

另一位亲信查理·科斯特也同样是被皮尔庞特赏识重用的,这个人原本只是其他银行的普通职员,被皮尔庞特用高薪挖过来。他工作谨慎又很敬业,每天早晨6点就出门上班,然后工作到深夜,有时候还要回家加班。为了全面彻底地调查铁路,他不仅亲自坐火车观察,还跳下月台,观看列车旁树木和铁轨的状态,有时候还自己开动火车亲身感受。

正是重用人才,才让以皮尔庞特为代表的美国大亨们不断获得成功,走向属于自己的宝座。

打响了"金本位"保卫战

1895年,皮尔庞特在短时间内就完成了对"金本位"制度的捍卫,短期内控制了美国黄金的出入。

从1890年开始,为了减少黄金外流,美国政府试图在美元的发行上做文章。1890年,国会通过《谢尔曼白银购买法案》,该法案要求美国财政部必须在每个月购买450万盎司的白银,并发行可用白银或者黄金兑换的证券。这就说明，美国人建立了"金银复本位"制度，纸币美元可以同时由黄金和白银加以支撑，从而扩大货币的供给量。

但欧洲人对此并不买账，作为债权人，他们重视"金本位"，并不认可美国政府搞出来的"金银复本位"，觉得美国是打算用贬值美元的方法来"赖掉"贷款。因此，欧洲银行家选择将美元换成黄金运回，确保自己的利益。

情形对皮尔庞特来说很危险，他需要向欧洲人证明美国人并不是打算赖账。由于皮尔庞特和其他银行家的努力，《谢尔曼白银购买法案》在1893年被废止，但欧洲人还是有些担心。这是因为美国国内南部和西部的农民坚持反对"金本位"，"金本位"导致他们用比以前更多的货币来偿还银行贷款，同时，农民们还希望由通货膨胀带来农产品价格上升，这样的情绪弥漫在许多州，导致人们将皮尔庞特等银行家看作欧洲金融利益集团的代言人。

1894年，美国的黄金储备已经减少到1亿美元以下。到1895年1月，黄金的流失速度越来越快，在纽约港，金条被装上货船，不断运往欧洲，而纽约甚至有人开出赔率，打赌美国政府什么时候破产。

总统格罗弗·克利夫兰大力支持"金本位"制度。在担任总统之前，他在皮尔庞特岳父的法律事务所工作。因此，尽管皮尔庞特支持共和党，但他在1884年选举时还是为民主党的克利夫兰投了票，原因就在于他支持稳定货币。

当黄金储备不断减少，克利夫兰总统面对的形势相当严峻。1895年1月24日，黄金储备降到9800万美元，而一周后很快降到4500万美元，华尔街的股票价格也一路狂跌，政府希望采取措施补救，却毫无办法。到2月初，财政部部长约翰·G.卡莱尔发现，财政部每天要流失价值200多万美元的黄金，如果再不制止，三个星期之后，财政部就会无黄金可用。

无奈之下，卡莱尔部长请助理国务卿出面，让他前往纽约找金融家奥古斯特·贝尔蒙特商量解决办法。贝尔蒙特的公司和罗斯柴尔德家族一向有良

第六章 王者摩根（1895年—1913年）

好的关系，但这次，他却推荐了摩根财团。他说，想要解决眼下的困境，除非请皮尔庞特出山，联邦政府当然知道皮尔庞特的实力，却因民间的反对声音而有顾虑。但贝尔蒙特却坚持建议说，除了他，没有第二个人能在最短时间内解决问题。

克利夫兰总统在白宫想了很久，觉得没有第三条路可以走。于是，他邀请皮尔庞特来到白宫。这天，皮尔庞特和他的下属们来到白宫楼上的图书室，那里也是总统的工作室，在那里，总统和财政部部长、司法部部长、作战部部长等悉数到位，贝尔蒙特也在那里等候。克利夫兰摆出公事公办的态度欢迎了他们，然后把他们安置在一旁，自己和部长们商谈起来。

皮尔庞特静静地坐在屋子角落里，恐怕全美国只有白宫能够让他如此甘心地等待。他玩弄着手上的雪茄，却并不想点燃它。

在漫长的等待之后，克利夫兰总统穿过屋子，重新来到皮尔庞特面前，他坚持说，自己不想和银行家们讨论债券的事情，国会是支持他的，公众们也知道到底谁会为危机负责。但皮尔庞特平静地指出，在财政部那里还有1200万美元待兑现的汇票，而国库中的黄金总价值只有900万美元，如果有一天人们想要全部兑现汇票，政府只能拖欠债务并导致信誉破产。

这些话戳到了克利夫兰的痛处，他问道："你有何建议？"皮尔庞特马上说，1862年，法律授权财政部部长可以为公众利益用美国债券去购入货币，如果援引这次案例就不需要国会再批准了。

很快，司法部部长在几分钟后马上查出了这条法案，这条法案的确允许财政部部长购买黄金。紧张的气氛就此消散，大家开始计划具体事宜。皮尔庞特保证，新购买的黄金不会流失到国外去，这显然增强了总统的信心。

最终，总统同意了皮尔庞特的计划。根据约定，政府向摩根组织的银行辛迪加购买350万盎司黄金，而付给皮尔庞特的是共计6230万美元的30年期债券。

会议持续了四个半小时，皮尔庞特站起来时，那根在他手上的雪茄已经被碾成了细微的褐色粉末，飘落到地板上。总统见状大笑起来，递给他一盒新雪茄。

摩根财团的影响力巨大，操作能力业界最佳，在整个辛迪加的努力下，债券发行任务完成，国库黄金储备重新恢复增长，一场危机终于烟消云散。

这个计划的施行挽救了美国联邦财政，也挽救了"金本位"制度。当然，摩根家族和华尔街其他银行也由此大赚特赚，他们将政府发行的债券又一次抢购一空，然后高价上市转卖获取暴利，据统计，摩根组织的银行辛迪加从这次债券发行中共获利1600万美元。

这不能阻止民间舆论质疑银行家的"贪婪"和"无耻"，再加上对"金本位"制度的不满，民间仇视摩根财团的声音越来越响亮，终于酿成了普尔曼工厂的罢工事件。这家工厂是摩根财团掌控的企业，在芝加哥世博会期间，工厂削减了工人们25%的工资，罢工事件由此发生。后来，这场罢工得到了美国27个州数十万工人的支持，并引发了罢工热潮。为了平息这次罢工，克利夫兰居然派出军队前往镇压，并发生了流血冲突，在《独立宣言》深入人心的国家，居然发生了用军队对付公民的事件，这让朝野舆论一片哗然。

由于人们怀疑克利夫兰是在"报答"皮尔庞特，美国参议院组成调查委员会，就发行债券事件对皮尔庞特展开质询，有委员质疑皮尔庞特的动机："如果你的确想要避免一场金融恐慌，为什么你不愿意由别人来做（承销债券）？"

皮尔庞特给出的回答是让人倍感傲慢的几个字："他们不会做。"

皮尔庞特并不觉得这很傲慢，他的内心答案很可能如一百多年后上映的电影《蜘蛛侠》台词所言：

"With great power, comes great responsibility."（能力越大，责任越大）。

第六章　王者摩根（1895年—1913年）

史上最大托拉斯①

19世纪末，J.P.摩根公司的实力令人瞠目结舌。

"一战"前夕，这家公司的13个合伙人都是举足轻重的金融巨头，控制着多家信托公司、商业银行和保险公司。而在费城、伦敦和巴黎的分公司的高管与董事，又在其他许多公司中占据了多个董事席位。除此之外，皮尔庞特还有很多密切联系的同盟者，纽约第一国家银行的老板乔治·贝克，花旗银行的老板詹姆斯·斯蒂尔曼都曾经是他的追随者。

这时，摩根财团业务范围也扩大到国际范围，J.P.摩根公司在1899年承担发行了墨西哥政府的债券，这是美国的银行首次尝试对外国融资；从1890年之后，摩根财团也成为阿根廷政府和企业的主要投资者；即使远在东方的日本，也曾向皮尔庞特提出请求，希望他们能够帮助发行政府特许债券，但皮尔庞特怀疑日本政府的信用，予以拒绝。反之，虽然当时的中国在经济和工业上还不够发达，但摩根财团依然承担了中国政府债券发行的份额。

20世纪初，摩根财团不断发展，此时的美国经济不断增长，公众收入增加，而物价则令人欣喜地下降。许多美国人感到浑身有着燃烧不完的力量和热情，能为自己的国家更高地挺起胸膛。

不幸的是，常年为皮尔庞特工作的"大管家"查理·科斯特因为肺炎去世，年仅47岁，据说，其英年早逝是因为太过劳累，人们一度以为，科斯特的去世会让摩根商业帝国的铁路部分失去主心骨，但皮尔庞特做事永远当机立断，他"无情"地在科斯特的葬礼上说服了查理·斯蒂尔这个铁路律师加

---

① 托拉斯，英文trust的音译，是垄断组织的高级形式之一。由生产同类商品的企业或相关企业合并组成，旨在垄断原料产地、投资范围和销售市场。参加托拉斯的企业均丧失其法律和商业上的独立性。

入公司，顶替去世的科斯特。

随后，皮尔庞特掀起的第一道龙卷风是成立美国钢铁公司。南北战争结束之后，钢铁工业发展迅速，而接下来发生的美西战争和布尔战争又为美国钢铁带来巨大市场，行业利润猛增，许多部门经过了一系列重组合并，成为巨大的联合组织，但问题是，这些所谓的联合仅是非正式的。皮尔庞特希望，自己能够着手进行史上未曾有过的最大规模兼并，从而在钢铁行业中推行自己的秩序。

在1900年年底，皮尔庞特就看到了取胜的机会，当时，他参加了施瓦布组织的宴会，而施瓦布正是钢铁大亨卡内基最看重的助手。在宴会上，施瓦布向所有在座的金融家描述了钢铁托拉斯的设想，而卡内基和皮尔庞特显然将是其中的核心成员。

皮尔庞特被这样的设想吸引了，在宴会之后，他和施瓦布商议了许久，皮尔庞特的一位下属罗伯特·培根后来回忆说："很显然，（皮尔庞特）看到一片新天地。"

随后，皮尔庞特在麦迪逊宅邸图书室中召开了许多次秘密会议，参加会议的神秘来客都是通过律师们邀请来的钢铁业大亨，其中也包括卡内基和施瓦布。

到了1901年2月25日，一个足以让华尔街震惊的声明公布了：联邦钢铁公司、全国钢铁公司、全国钢管公司、美国钢铁和金属线公司、美国马口铁公司、美国钢箍公司和美国钢板公司，将合并成为美国钢铁公司。这家新成立的公司将用5亿美元的天价，收购安德鲁·卡内基的钢铁帝国。

安德鲁·卡内基正是摩根家族投资而赚得第一桶金的，此时，他接二连三地遭遇家庭变故并萌生退意，他想将他拥有的钢铁公司以3.2亿美元的价格出手，但很多买家对这个价格望而却步。于是他明白，美国很难找到一头金融巨鳄能一口吞下自己的钢铁企业，当施瓦布试探性地让他开出价格时，他

第六章 王者摩根（1895年—1913年）

在纸上写下4.8亿美元的数字，而且要求用债券支付。

当施瓦布将纸片交给皮尔庞特时，皮尔庞特迅速说道："我接受这个价格。"

双方的正式签约颇有些戏剧性，卡内基虽然很尊重吉诺斯，但对皮尔庞特他总有些看不顺眼，他坚持要求对方到自己的办公室来签约。在双方可有可无的一刻钟闲聊之后，合同终于敲定了，皮尔庞特道别时说："卡内基先生，祝贺您，您是世界上最富有的人了。"

一开始，卡内基觉得自己在交易中赚了，他为此很得意。但不久后他就回过神来，向皮尔庞特抱怨自己卖得太便宜了，皮尔庞特不给面子地说道："不错，大约是这样的，安德鲁。"

做完这一切，就轮到对付绰号"百万赌徒"的约翰·沃恩·盖茨，这个大亨嗜赌成性，他从经营畜牧场铁丝网起家，旗下的美国钢铁和金属丝公司已经拥有9000万美元资产，他还打算兼并其他的钢铁联合企业。

盖茨来到摩根公司总部，但拒绝让步，事情陷入了僵局，凌晨时分，皮尔庞特忽然拍案而起："先生们，我将会在十分钟之内离开这里，如果到那时你们还不接受我的条件，我们就不用谈了，我们会建立属于我们自己的铁丝厂。"这一招果然见效，盖茨服软了，决定卖掉自己的公司。那天，皮尔庞特在家里高兴得如同一个孩子。

美国钢铁公司就此正式成立，这家新公司的资本超过14亿美元，它是人类历史上第一家资本在10亿美元以上的股份公司。为了进行妥善的管理，摩根组建了一个银行团发行股票，由300个成员组成；然后安排了股市专家詹姆斯·基恩来造势，这是为了避免如此之多的股票数量让股市饱和而价格下跌，被称为"华尔街银狐"的基恩同时买进卖出这支天量股票，结果价格稳步上升，交易额也巨大无比，华尔街的纽约证券交易所不得不宣布休市一天，为了整理票据，以赶上股票的交易速度。

这是工业和金融在新世纪的完美结合，而许多人对此感到不安，甚至连《华尔街日报》也同意这一点。长期来看，美国钢铁公司在设想的道路上顺利前进，成为最好的钢铁公司，而那些购买了其股票的投资者，则因为信心而最终获得丰厚回报。

北方证券，突袭和反突袭

1901年4月，在基本完成对美国钢铁公司的组建之后，皮尔庞特·摩根去巴黎旅行，用接近40万美元的价格买了文艺复兴时期著名画家拉斐尔的《科隆纳圣母像》。随后，他前往艾克斯莱班休养。那是位于法国东南部山区的温泉疗养胜地，但这次度假注定不会平静。

5月4日，周六，皮尔庞特和平常一样打开来自纽约的电报，随后愣住了：趁他不在国内，居然有竞争对手向自己家族控制的北太平洋铁路公司发动了袭击！

这家公司和摩根家族联结在一起已经有20年了。1880年，皮尔庞特曾经筹资4000万美元支持该铁路的最后建设，避免了其破产；1893年，他又再次注资挽救了这家公司。但此时，在爱德华·H·哈里曼的领导下，由铁路公司和银行家组成的联盟正打算在公开市场上收购北太平洋铁路公司一半以上的股票。

哈里曼名下控制着联合太平洋铁路公司，他破坏其他银行家的重组工作，进入了该公司的董事会，还成了执行委员会成员。他的确颇有手腕，将这条铁路变得生机勃勃，并和北太平洋铁路公司形成了直接的竞争关系。

皮尔庞特很快发电报指示："立即购买15万股的北太平洋铁路公司普通股！"这时是周六的傍晚。

5月6日，周一，证券交易所重新开始营业，看起来新的一周似乎没有什么不同，但接下来发生的事情将载入华尔街史册。大批摩根财团的经纪人开始涌入纽约和伦敦的证券交易所，购买所有能买到的北太平洋铁路公司股票。到了周四，北太平洋铁路公司股票价格跳到了一个高得离谱的数字——每股1000美元！

无论是中小投机商，还是散户，全部被吓到了，他们中的许多人在此期间抛售了其他的股票来套现，转买北太平洋铁路公司股票，导致所有股票价格都在下跌。而对该股票做空[①]的一方已经损失了大量财富，因为他们以为当周二价格停留在146美元时会掉头下行！

如果不马上平息这一切，纽约的股市会被毁掉，千家万户都会因破产而家毁人亡！于是，对立的两方在纽约商议，决定不交割已购买的股票，用每股150美元的价格将股票抛售出去。

在5月9日这天，皮尔庞特已经转道巴黎来到伦敦，在那里，他指挥下属悄无声息地继续购买普通股。到5月18日，摩根家族控制了42万股股票，超过了一半的普通股，对北太平洋铁路公司的控制得以实现。

为了找个借口下台，希夫给皮尔庞特写了很长的一封信，他解释说，自己并没有什么对摩根财团不利的念头，而是为了保护哈里曼的正当利益。皮尔庞特对此不屑一顾，他根本就没有回信，这条铁路花费了皮尔庞特将近20年的心血，他没有想到居然差一点点就落到了别人的手上。

直到7月初，皮尔庞特才回到纽约，他着手创设新的北太平洋铁路公司

---

① 做空是指对未来行情做出下跌预期，从而买入"看跌合约"。具体操作为通过向券商"借"来股票卖出，待行情跌后买进归还券商，从而获取差价利润。其交易行为特点为先卖后买。

董事会，成员包括股票大战的交战双方，包括哈里曼和支持他的威廉·洛克菲勒，也有忠诚于皮尔庞特的希尔，皮尔庞特解释说，这是为了表明彼此之间并没有任何敌意。而且皮尔庞特认为，将原本的竞争对手放在一起是有益的，新联盟也将提供更好更稳定的交通运输服务，并确保美国的经济利益。

到11月，北方证券公司宣布成立，公司总资产达到4亿美元，皮尔庞特认为，如此庞大的规模才能保持稳定，不会被谁在一夜之内偷走控制权。这个庞大的公司将在新泽西州注册，持有97%的"北太平洋"股票和75%的"大北方"股票。

就这样，在皮尔庞特的协调下，垄断所产生的利益取代了股市上风波诡谲的竞争，原本的敌人们握手言和了，皮尔庞特、威廉·洛克菲勒、希尔和哈里曼这些金融和铁路巨头们共同掌握了世界上最庞大的铁路联合体。

这次挑战被皮尔庞特粉碎了，但新挑战依然会出现。组建钢铁托拉斯、平息金融风暴、打造巨型的铁路联合企业等，在许多人看来都引起了国家不安和社会失衡，很快又会有人站出来，成为皮尔庞特更难对付的挑战者。

与罗斯福总统较量

世间每一次盛极而衰，都存在转折点，这转折点总要到若干时间之后才能被确认。如果要为摩根家族找到这样的转折点，时间应该是1901年9月6日。

当天下午傍晚时分，皮尔庞特在办公室戴好帽子、拿起手杖，习惯性地瞥了一眼桌子上的账本，准备结束一天的工作。突然，有个记者跑了进来告诉他，在布法罗泛美博览会上，麦金莱总统遭无政府主义者行刺。皮尔庞特马上扔下手杖，坐到自己的办公桌前，死盯着地毯一言不发。过了一会儿，另一个记者将刊登消息的号外拿了进来，皮尔庞特缓慢地读完，然后悲哀地说道："此时此刻，我无话可说。"

9月14日，麦金莱总统逝世。麦金莱总统执政期间，始终支持皮尔庞特的商业帝国，但他猝然而去，副总统西奥多·罗斯福成了白宫的新主人。当时，他只有43岁，是美国有史以来最年轻的总统，他小时候患有哮喘，却坚持锻炼出坚强的身体和性格，他的家族历史足以让他自豪，他自己还是爱国者、美国将军、学者、猎手、作家、改革家和花花公子，也是"不喜欢华尔街"的人。

1902年2月，罗斯福突然宣布，政府将会根据《谢尔曼反托拉斯法》①，对北方证券公司进行非法遏制行业发展问题的调查。这记重拳把摩根财团打蒙了，谁也没想到白宫会如此迅速地动手，皮尔庞特随即出发，前往华盛顿，希望和总统理论。罗斯福记录了这次理论的过程。

皮尔庞特想知道，政府在宣布决定前，为什么不事先对他发出警告。

罗斯福说："事先对华尔街警告，我们恰恰不愿意做这件事。"

皮尔庞特只好继续说："如果我们做错了什么事情，请派遣您的人（指司法部部长诺克斯）和我的人谈，他们会尽快修正的。"

罗斯福冷冷地说："我们不打算那样做。"

诺克斯也补充："我们不想修正错误，我们只打算终止它们。"

皮尔庞特只好问："您打算对我手下的其他公司进行攻击吗？"

罗斯福说道："当然不会，除非又发现它们做了我们认为错误的事情。"

---

① 《谢尔曼反托拉斯法》是1890年美国国会制定的第一部反托拉斯法，也是美国历史上第一个授权联邦政府控制、干预经济的法案。

会谈简直无法进行下去，皮尔庞特离开之后，罗斯福对司法部部长说："他一定将我看成强大的竞争对手，他会以为我打算毁掉他的所有企业，或者和他达成协议，皆大欢喜并平安无事。"

其实，两个伟大人物都坚信自己在维护美国的长远利益，罗斯福总统认为将经济置于政府有力的管理之下，美国才能稳定发展；而皮尔庞特认为，只有强力垄断才能带来经济的良好运行。

然而，在当时，美国没有什么人支持皮尔庞特。从工人、农场主到小商贩、中产阶层，纷纷表示支持美国总统整治这些大企业。1904年3月，美国最高法院以五票赞成四票反对的结果，判定北方证券公司属于限制贸易的非法企业联合，必须解散。

判决下来的时候，杰克正在纽约，他写信告诉财团的人说："所有人只关心财产分配，我想很快就会有清算方案出炉了。"果然，3月22日，北方证券公司被拆分，西北部的铁路业重新回到混战时代：哈里曼控制联合太平洋和伊利诺伊中央铁路公司，希尔-摩根集团则控制北太平洋铁路公司、大北方铁路公司和伯林顿铁路公司。美国国家历史上第一次大规模企业合并浪潮告终。

罗斯福后来将托拉斯分成有益的和有害的两种区别对待，并尽量找到平衡点。例如，皮尔庞特组建了"国际商业海洋公司"，其中包括英美的多家海运公司，对此罗斯福表示赞成，他认为在海运行业建立托拉斯对美国经济有巨大帮助。

之后的一两年中，皮尔庞特开始隐退。家族生意此时发展得很好，他将杰克召回了美国，伦敦的J.S.摩根公司也越来越年轻化，皮尔庞特每周只需要工作几个小时，六十多岁的他已经老了，的确想退休了。

拯救者摩根

华尔街不能没有皮尔庞特·摩根。1907年3月25日，证券交易所一片混乱，几乎人人都在惊慌失措地抛售股票，哈里曼、威廉·洛克菲勒、希夫这些金融巨头聚集到华尔街23号，想要从摩根财团筹集2500万美元稳定股价。皮尔庞特否定了提议，他说"我们正处于被宣称操纵股市的风口浪尖上"。

10月，情况变得更为可怕。皮尔庞特在弗吉尼亚州的里士满参加新教圣公会大会，电报像雪片一样飞来：问题主要出在银根紧缩上，同时信托投资公司盲目草率的投机也是重要原因，它们以股票和债券作为抵押来发放贷款，导致纽约银行所有贷款中的50%以上都由证券来担保，由于信托公司并不具有高额现金储备，极易遭受挤兑风险的打击。

皮尔庞特需要出手避免信托公司倒闭，虽然和家族关系不大，但信托公司联系着其他银行的利益。10月19日，皮尔庞特决定乘坐自己的私人火车回去应对麻烦，他告诉身边的主教朋友："他们在纽约碰到了麻烦，不知道该怎么办，我也不知道，但我必须要回去。"

接下来，就是皮尔庞特和经济危机的赛跑：10月22日，在皮尔庞特回到纽约的第二天，尼克博克信托公司宣布破产，储户损失惨重。几周之后，这家公司的总裁查尔斯·巴尼开枪自杀。10月22日晚上，皮尔庞特将银行家们集合起来，在曼哈顿酒店和联邦政府财政部部长乔治·科特柳会面，第二天，财政部部长拿出了2500万美元的政府基金交给皮尔庞特调动使用。10月23日，周三，皮尔庞特让所有信托公司的总裁集合在一起，他居中协调，组织互助，在看完对美国信托公司的调查报告之后，果断地宣布："那么，就从这家公司开始，制止这场麻烦吧！"

此时，各家银行门口挤满要求提款的储户，他们整夜排队，带着食物，等待早晨开门。共有数百个经纪人向皮尔庞特求救，请求他的帮助。面色阴沉的人们拥挤到华尔街23号，即使警察劝阻也难以平息骚乱，大家抬头望向摩根公司的窗口，拼着命往前挤。

10月24日，纽约证券交易所求救，如果今天再无法筹集到2500万美元，起码会有50家经纪行倒闭。交易所总裁托马斯气急败坏地向皮尔庞特提出，今天是否能够提前闭市，但他斩钉截铁地说："今天，一分钟也不能提前关门。"到下午两点钟，他将银行总裁召集起来宣布了情况，一刻钟后，资金宣布到位，他派出信使去证券交易所宣布消息。很快，他就在自己的办公室听到了来自街对面证券交易所的欢呼与掌声。

随后的几天没有什么变化，皮尔庞特和他的下属与专家们从一家银行到另一家银行，审核账目并了解营业情况。

10月28日，看似平静的局面再起波澜，这一次来找皮尔庞特的是纽约市市长乔治·麦克莱伦。他请求皮尔庞特调动3000万美元来偿还正在将资金抽走的欧洲投资者，此时已经70岁的皮尔庞特·摩根口中吮吸着糖块补充能量，马上在便笺上草拟了一份毫无错误的合同，然后为市长借来了这3000万美元。

连续两周，这位老人身患重感冒，却一天工作19个小时，每天抽20只雪茄，私人医生不时给他的喉咙里喷药水。有一次，他在通宵的紧急会议上睡着了，身边的人只好从他松开的手指之间拿开那已经烧到桌面的雪茄。

11月2日，拯救行动到了最紧急的关头。皮尔庞特制定出的方案一口气解救了依然存在危险的美国信托公司、林肯信托公司和穆尔施来公司。为了团结所有信托公司的力量，他把总裁们集中在一起，亲自将书房大铜门锁上，把钥匙放进口袋，然后连夜和他们"鏖战"。拖到凌晨五点差一刻，皮尔庞特将金笔塞给头昏脑涨的总裁头头爱德华·金的手中，诱惑地说道："签吧，金，在这儿签。"

在意志几近涣散的状况下,信托公司总裁同意凑齐2500万美元拯救穆尔施来公司,当然,摩根财团也从中得到了好处,美国钢铁公司从穆尔施来公司手中低价收购了田纳西煤、铁与铁路公司的股票——这是皮尔庞特做事的风格,高尚和现实必须要完美地结合。

1907年对大恐慌的拯救,是皮尔庞特最后的辉煌,也是大银行家的最后辉煌。这次辉煌胜利也引起了美国政府的注意,此后,联邦政府决定,今后不允许任何人发挥这种权力(其实也没有人能发挥了)。6年以后,威尔逊总统建立了美联储,对银行进行分散化管理,并建立自由弹性的货币制度,此后,关闭潘多拉魔盒的钥匙终于交到了政府金融管理部门的手中。

世间再无J.P.摩根

皮尔庞特犹如舞台上谢幕的主角,就要隐身而去,消失在公众的视野之中,但摩根家族的产业却依然处于聚光灯之下,遗憾的是,形象不佳。

从1903年到1912年,杂志报纸上总共刊登了2000多篇揭露丑闻的文章,其中大部分是关于华尔街和钢铁行业的,这两方面都和摩根家族有密切关联,再加上皮尔庞特在保险行业也有很多股份,丑闻写作者还得忙于曝光他对保险公司的控制。

丑闻曝光体现着美国社会大众此时的觉醒,他们努力追求政治公平和经济民主。皮尔庞特对此却没有了解,也不愿去了解,他信奉上一个时代推行的王霸之道,所谓的强者并不会聆听和考虑民间的声音,他们犹如传说中的泰坦巨人,凭借双臂来主宰整个世界的平衡,依靠内心的道德观和信念做出

第六章　王者摩根（1895年—1913年）

或好或坏的评价，他们惯于用特别的天赋之力推动时代的车轮，而不是平衡多方的利益和意志来折冲樽俎。

1907年以后，皮尔庞特唯一关心的大事，就是和参议员尼尔森·奥尔德里奇探讨并起草新的法案《奥尔德里奇—弗里兰法案》，该法案后来成为美联储系统运作的基础。除此之外，皮尔庞特基本不再插手家族业务，杰克将会在未来成为首席合伙人，而他身边也有了新的左膀右臂，包括亨利·戴维斯、查理·斯蒂尔，还有威廉姆·波特、托马斯·拉蒙特、德怀特·莫洛、本杰明·斯特朗和约翰·戴维斯……这些人都精明能干、相当稳重，皮尔庞特选定他们辅佐杰克，是希望有足够稳定的力量。值得一提的是，皮尔庞特一直重用的柏金斯在1910年离开了银行，走的时候带走了550万美元的股份，那全都是在摩根集团里获得的财富，他是被迫离开的，因为他表现出对杰克的不信任，认为自己有资格也有能力掌管这家企业。

为了顺利完成接班，皮尔庞特还对伦敦的摩根公司进行了重新部署。吉诺斯在遗嘱中规定，这家银行只能在皮尔庞特手上使用他的名字，而皮尔庞特死后必须换名称。皮尔庞特对儿子杰克这样说："如果不给公司搞个新名称，我死后你们就会有大问题，所以我提议，从今年开始改名叫摩根建富公司，然后让家族的J.P.摩根公司成为合伙人，并占用100万美元的资本。"

摩根建富在1910年的新年诞生，尽管第二合伙人特迪·格伦费尔的名字让公司有了英国的感觉，但最主要的资本依然是美国的，只不过在这个新公司中，J.P.摩根公司代替皮尔庞特成了合伙人。除此之外，摩根家族继续掌控着费城德雷克塞尔公司。这样，摩根家族依然是同行中最有统治力的。

皮尔庞特做了足够安排，可他的晚年似乎注定无法安逸起来。国际商业海洋公司有了商业对手——卡纳德公司，这家公司领了英国政府的补贴，建造出两艘快速豪华轮船。于是，国际商业海洋公司决定让下属的白星航运公司制造一对巨型轮船与之抗衡，分别命名为"泰坦尼克号"和"奥林匹克号"。为了迎接这两艘船的到来，公司甚至游说纽约港的董事会，要求他们改建延长码头。

1911年5月1日，皮尔庞特来到贝尔法斯特，在那里参加了泰坦尼克号的命名仪式，船上的B层甲板上安排了其私人舱位，他还定在第二年的4月份参加泰坦尼克号的处女航，但后来取消了计划。

此后的惨剧人尽皆知，在75岁大寿即将到来之前，皮尔庞特在法国接到了电报，然后向纽约发电文确认。随后，他似乎突然消失了，欧洲的记者们最终在一座偏远的法国古堡里找到了"躲"起来的皮尔庞特，他看上去神色黯然又憔悴，只是说道："想一想那些被淹没的生命，那些可怖的死亡！"

泰坦尼克号的遇难者共有1500多人，对整个航运托拉斯而言，这是一场巨大的灾难。皮尔庞特本人大受指责，报纸上详细报道了他奢华的私人舱室，以此证明他们只是为了吸引客运量而并不重视安全。这艘巨轮的沉没成为整个航运托拉斯命运的转折点，1914年，杰克·摩根让这家公司直接宣布破产。

泰坦尼克号逐渐被人们淡忘，但麻烦并没有结束，政府的调查再次开始。新的总统塔夫脱执政之后，实行更加严厉的反托拉斯措施，美国钢铁公司在1907年对田纳西煤、铁与铁路公司的合并又让摩根财团成了众矢之的。

1912年12月，皮尔庞特再次被调查委员会叫到华盛顿，其他金融家根本不去参加听证会，例如威廉·洛克菲勒就装病，表示没办法去华盛顿，但皮尔庞特并不会这样，他坚信自己奉公守法，愿意面对政府。

原本，他打算只身前往华盛顿，后来他忽然改变主意，带了儿子杰克、女儿路易莎、两个合伙人，外加律师团。在整整16个人的簇拥下，他从大型的高篷轿车中走出来，然后顺着国会山台阶拾级而上，看到那些前来围观的人，皮尔庞特冷冷地对女儿说道："这些家伙是来看我出洋相的。"

在听证会上，皮尔庞特毫无老态，他言辞犀利、思维敏捷，勇敢地捍

第六章 王者摩根（1895年—1913年）

卫商业荣誉和家族声望。皮尔庞特的对面是狡猾的对手——塞缪尔·昂特迈耶，他在询问时老练而不动声色。相比之下，皮尔庞特并不自然，带着情绪化，即使如此，昂特迈耶也没有占到上风。

下面这段对话就颇具有代表性——

昂特迈耶：难道发放商业信贷的基础不是对方的金钱或财产？

皮尔庞特：不，先生，最基础的是人格。

昂特迈耶：金钱和财产在其次？

皮尔庞特：金钱和其他任何因素都在其次，金钱买不到它……如果是我不信赖的人，即使拿基督教世界的所有债权来做担保，都无法从我这里拿走一分钱。

这些话堪称名言警句，但作为听证会的回答是平淡而缺乏说服力的，这个老人不耐烦而固执，根本就不想多作解释说明。

最后，调查也没有什么结果，委员会只是号称发现了所谓的利益共同体，这个共同体包括六家银行，统一向主要公司和各个国家政府发行证券，J.P.摩根公司就是其中之首。

由于这次会议的推动，1913年12月，威尔逊总统签署了《联邦储备法案》，想让整个国家的企业都摆脱摩根财团，但此后摩根财团采取巧妙行动，和新的联邦储备银行形成同盟，在此后20年继续享有金融系统的实际权力。

这次听证会让老皮尔庞特感到时代巨轮的压力，仿佛整个美国都要从自己身体上碾过去，他不理解为什么自己终生都在为推动美国繁荣而努力，现在却不断被政府和公众问责。他只好说："现在是一切生意都必须进行公开的时候了。"到1913年，他甚至告诉来访者说："请带我转告威尔逊先生，如果在什么时候，他觉得我的影响或者我的资金对国家有用，那就完全由他支配吧。"

为了摆脱烦心事，1913年1月7日，皮尔庞特告别了妻子方妮，在女儿路易莎的陪伴下，去埃及旅游。一路上，他不断地发火，让所有人不知所措。2月14日，在埃及的卢克索，皮尔庞特预感到自己快不行了，便给纽约的杰克发了电报，说希望儿子可以马上到自己身边来，但很快他又担心杰克真的来了，金融界又会产生动荡。最终，杰克没有来，女婿赫伯特·萨特利赶来，还带来了私人医生乔治·迪克逊。

3月，皮尔庞特来到意大利的罗马，他对周围的事情还很有兴趣，包括来到罗马的美国学院，但健康状况使他只能被人用椅子抬上楼参观。3月底，皮尔庞特已经无法继续正常谈话了，他拒绝再进食，坚持要离开罗马，到摩根家在伦敦王子门街的宅邸去，那是他父亲刚到伦敦时的房子，这样，他就可以落叶归根了。为此，一艘汽艇和一辆专列一起待命，准备在3月31日启程出发。

天不遂人愿。就在周日的后半夜，皮尔庞特因心跳加快而醒来，他浑身发热，体温骤然升高。他安详地躺在病榻上，模糊地说起自己在哈特福德和瑞士上学的日子。他说的最后一句话是对女婿萨特利留下的遗言，他用手指着头顶上方，然后说道："我要坚持。"

皮尔庞特去世的消息传回美国，华尔街为之震惊和悲痛，报纸上连篇累牍的批评文章消失了，取而代之的是对他一生的回顾。

人们惊讶地发现，这位全美金融界的大亨、政府的隐形财政部部长，居然只有6830万美元的个人财产，而其中一部分还只是在纽约和费城银行的股权，艺术收藏品的价值总计占了5000万美元。这样的数字根本比不上洛克菲勒、卡内基、福特这些地位相当的大亨，甚至比不上声名狼藉的杰伊·古尔德。

第六章 王者摩根（1895年—1913年）

皮尔庞特的遗嘱很快被公布了，他把财产留给妻子和子女，此外也没有忘记他的私人管家，图书馆管理员、医生、航海官和仆人都得到了不少的金钱馈赠。另一项遗嘱规定更令人称奇，他给他的J.P.摩根公司和摩根建富公司每位员工发了额外的一笔全年工资，并将1000万美元捐给了慈善机构。

按照皮尔庞特的遗嘱，他的葬礼和吉诺斯的完全相同。除此之外，葬礼在纽约的圣公会圣乔治教堂举行，不要演说，也不要人吊丧，只要歌手亨利·巴雷的独唱。

下葬的那一天，伦敦威斯敏斯特大教堂举行了悼念仪式，而大洋彼岸的纽约证券交易所关门停业。无论是称颂还是批评过皮尔庞特的人，此刻都真心承认，旧的时代正式结束，新的时代即将到来。

许多人此刻还没有觉察到，杰克·摩根，这位看起来始终在"父王"权力宝座旁接受保护的男人，将全面掌控摩根家族的金融帝国。

第七章
王位传承
（1914年—1929年）

入主家族的"新摩根"

1913年4月1日,J.P.摩根公司迎来了新的首席合伙人,在杰克上任那天,办公室里堆满了致敬的玫瑰花,面对此情此景,他去掉了名字前面的"小"字,正式改名,也叫约翰·皮尔庞特·摩根。

但人们并不习惯这样称呼他,当皮尔庞特·摩根去世时,新闻界少见地将他称为"THE ONE"(唯一的),杰克永远无法成为父亲的取代者,他只能成为"王位"继承人。对家族的新掌门人,背地里大家依然叫他从前的名字——杰克·摩根。

从高大的体格,到对大号雪茄和美味饮食的喜好,再到对家族传统和宗教的热忱……无疑,杰克·摩根从不掩饰对父亲的崇拜与模仿,他和父亲都是高达6英尺2英寸①的高个子,身体强壮而胡须细密;他回到美国时,要求衣帽店为自己定做和父亲同款的鞋帽;父亲去世后,他又将父亲的绿宝石佩戴在表链上;每年圣诞夜,他都会像父亲一样给孩子们朗读狄更斯的小说《圣诞颂歌》;和父亲一样,他也非常虔诚地在圣公会圣乔治教堂做礼拜……然而,和能够挽救一个国家金融业的皮尔庞特相比,初掌大权的杰克分量总显得不够。

和父亲相比,杰克性格文弱,走起路来有些驼背,好像总是在迈过低矮

---

① 英寸,长度单位。1英寸约合2.5厘米。

第七章 王位传承（1914年—1929年）

的门槛。他没有在华尔街真正立足过，从圣保罗和哈佛大学毕业后，就被送到英国在摩根财团旗下的公司开始职业生涯。在那里他勤恳地工作了15年，虽然没有犯过任何错误，但也谈不上有什么出色成绩，唯一的收获可能就是他和英国皇家与上流社会混熟了。

1905年，皮尔庞特将杰克召回美国后，他依然保持着英国情结，每年还要和妻子琼回那里住上半年。华尔街由此传来了暗地里的嘲笑，说杰克打算开始的重要变革就是把英国的下午茶习惯引入华尔街23号，还有人翻出了1907年他被巴黎银行拒绝购买黄金贷款的事情，证明杰克根本就没有能力和建树。

杰克对这些杂音不屑一顾，他身上流淌着摩根家族的血液，因此从不缺乏自信。更重要的是，带着妻子儿女回到美国时，他也才刚刚38岁，那时皮尔庞特为他们安排了麦迪逊大街231号的住处，和父亲的住所只有几步之遥，杰克每天都和父亲共进早餐，聆听教导，观看父亲如何处理商务。

今天，父亲已经不在了，杰克还走父亲的老路吗？答案当然是否定的，他知道J.P.摩根公司之所以如此伟大，离不开父亲大权独揽，但在这样的模式前，他果断地说出"不"。

杰克知道，自己无法独掌大权，必须要对偌大的帝国分而治之。于是，他将权力下放给戴维斯、拉蒙特和其他所有高管，用相对洒脱的姿态来掌管全局。和皮尔庞特的那种火暴脾气显得截然不同，杰克并不会感觉自己是受到威胁的。

杰克每天都安排一次合伙人会议，用传统英国商业银行非正式的形式进行，不做会议纪要，也不需要速记员记录，只是将参会合伙人的名单保留下来。杰克想要的是那种人才济济的银行，和皮尔庞特喜欢的从上而下的管理不同，杰克希望自己能将公司打造成一支运转良好的球队，只要有必要，即使主教练不在教练席，公司还是能运转如常。

当然，杰克也确保是自己在控制企业，他手上有3230万美元的资本，这是整个摩根公司的最主要储备，另外，皮尔庞特还留给杰克特别的首席合伙人权力，包括分配合伙人的利润、仲裁纠纷、解雇合伙人以及如何分配被解雇人留下的股份。这些权力，是当时私人合伙制公司中最重要的掌控王牌。

虽然有变革，但在公司的治理中，杰克依然坚持家族的商务价值观，包括进行保守型的管理、拒绝投机性经营和在英美两国之间保持利益平衡。

皮尔庞特的去世，标志着家族个人领导时代的终结，历史上再也找不到另一个J.P.摩根。但不能不说，他的退场也带来新的希望，集体力量掌握家族权力的时代幕布徐徐拉开，拉动者正是他的儿子。

纽约储备银行，阴谋还是阳谋

皮尔庞特留给杰克的不只是偌大的J.P.摩根公司，还有应对联邦政府金融改革的计划。当1913年12月23日，威尔逊总统签署了《联邦储备法案》之后，这个计划就开始悄无声息地启动了。

要了解这个计划，还是应该先了解什么是《联邦储备法案》。正如威尔逊所说的："（金融的）中央控制权要么给银行家们，要么给政府。"这部法案的意图就是"决一死战"，建立属于美国政府管理的中央银行。

早在1907年金融恐慌之前，建立中央银行的呼声就越来越大。银行家雅各布·希夫到处演讲，希望建立全新的现代银行体系，背地里希望的却是以此来钳制摩根财团；随后，花旗银行的总裁斯蒂尔曼也开始着手打造"货币改革计划"，其中最重要的一条就是建立中央银行。

第七章 王位传承（1914年—1929年）

虽然准备工作因为金融恐慌的突然到来而暂时耽搁，但等恐慌过去后，组建步伐变得更快了。到1910年，万事俱备只欠东风，业内却突然发现，拨开宣传的迷雾，打造传说中的"中央银行"——美国联邦储备银行的权力居然紧握在摩根家族的手中。

他们究竟是怎么做到的呢？

原来，虽然美国两党共同组建了国家货币委员会，但这个委员会中的18位委员无一例外都是政治家，他们既不懂金融业务，也不懂货币发行，威尔逊总统也没办法派出专业人才。委员会还是得求助于专业人士来进行调研。

负责邀请专家的委员会主席叫奥尔德里奇，他做了30多年的参议院议员，是小约翰·洛克菲勒的岳父。此时，皮尔庞特依然健在，摩根家族和洛克菲勒家族的关系尚算得上盟友，于是奥尔德里奇请来的专家无一不和摩根家族有着千丝万缕的联系，例如委员会的首席顾问就是摩根公司的合伙人亨利·戴维斯。这样，接下来发生的事情也就不足为奇了。

1910年11月，奥尔德里奇悄然结束欧洲考察，回到美国新泽西州的霍博肯市，他登上了一辆神秘的专列，前往佐治亚州的杰基尔岛。

这辆专列上的每一个乘客都大名鼎鼎，其中有美国财政部助理部长安德鲁，有城市国家银行董事长弗兰克·范德利普，有库恩–洛布银行的合伙人保罗·沃伯格（罗斯柴尔德家族代理人），当然还有摩根公司的人，包括亨利·戴维斯、本杰明·斯特朗（皮尔庞特的私人会计师）和查尔斯·诺顿（兼任纽约第一国家银行总裁）等人。

范德利普刚开始这次旅行时也感到有些费解，他说，人们接到指示，在列车上不能称姓，只能称名字；行动时要分开，在专列上不能一起共进晚餐……

这些富可敌国的银行家隐姓埋名地穿越了数百英里，终于来到了目的地，杰基尔岛上有个"猎鸭俱乐部"，那是摩根财团的会所，他们分头住了进去。

当然，这座俱乐部此时早就被清理一空，服务人员也接到通知，不许称呼客人的姓氏，在俱乐部50英里之内安保森严，尤其注意可能出现的记者。

之所以如此谨慎，原因只有一个，因为在岛上，这些人将要讨论的是未来的联邦储备法案，如果走漏消息，民意反对下，法案就算再天衣无缝也不可能被国会通过。好在由于准备充分，诸事顺利，两周之后，《奥尔德里奇-弗里兰法案》出台，这个法案明确规定美国将建立由私人银行即摩根财团主导的中央银行。

中央银行的名字被故意忽略了，用的名字是联邦储备银行，突出其"国家性"；联邦储备银行拥有一切中央银行的职能，但其中却没有任何政府股份；管理上，总统任命董事会成员，但事实上，总统任命的依据是联邦咨询委员会，而这个委员会的金融界成员的名单又由12家地方联邦储备银行董事来定。

经过如此周密的行动，皮尔庞特的遗产中又多了宝贵的"联邦储备系统"。1914年11月，联邦储备系统开始运行，摩根家族主导该系统的事实真相，公众完全没有看出来。这无疑减轻了不少家族面对的政治和舆论压力。虽然12家地方储备银行是受到华盛顿的联邦储备委员会监管的，但官僚们并不懂金融，这样，纽约储备银行（以下简称纽联储）的地位就迅速凸显，顺理成章地变成和欧洲各国中央银行与外汇市场来往的最重要角色，担任纽联储银行行长的正是皮尔庞特的亲信、戴维斯的大弟子斯特朗。

最开始接到这个任命的时候，斯特朗还非常不情愿，开会之前，他也被蒙在鼓里，认为联邦储备体系是要限制摩根财团等私人银行的。但戴维斯陪着他去了一趟乡下，在那里过了个周末，他就迅速接受了这样的任命，其中过程自然值得品味。后来，摩根公司又把他派到英格兰银行学习，将他变得更加"英美化"，纽联储由此成了摩根公司的影子，而摩根公司也被看作"第13家"而且是最重要的一家联邦储备银行。

第七章 王位传承（1914年—1929年）

换汤不换药，皮尔庞特玩的这一招堪称妙绝，金融主导权力表面上易手到政府，其实依然保留在华尔街23号组建的联盟内，和呼吁改革的人的意愿相反。美国金融界在1913年以后，依然是摩根家族说了算。

纽黑文，刚上位就受困？

杰克坐上"王位"之后的几个月，就碰到了棘手的情况——麻烦出现在铁路行业。

众所周知，铁路业是摩根家族的投资重点，杰克掌权之后，顺理成章地成为家族掌控的一系列铁路公司的董事，而其中一家就是纽黑文铁路公司。就是这家公司爆出了丑闻：虽然外表看起来发展势头良好，但内部却出现了资金问题，面临破产的危险。

在皮尔庞特生命的最后几年，由于用人失误，导致纽黑文铁路公司的管理状况不佳，从1910年开始，这家公司就只能靠借贷来支付股东的红利，这种情况受到很多批评。到杰克上台，批评的声音变得更加嘈杂。

批评纽黑文铁路公司最卖力的，是律师布兰代斯，他是东欧移民的后代，聪明而狡猾，知识渊博，对数字异常敏感。当他以哈佛大学法律系史上最佳成绩毕业之后，在律师事务所里赚了大钱，为了谋取政治资本，开始关心起"人民的利益"，从此时开始，他成为杰克一生的敌人。

20世纪初，资本状况是银行财团最大的秘密，但即便如此，布兰代斯依然经过自己精心的搜集和分析，拿出了具有说服力的数据，他在专栏文章中公布说，纽黑文铁路公司的资本总额达到了8.49亿美元。这么多钱当然不是这家小公司能拿出来的，而是由摩根公司和城市国民银行、纽约第一国家银行组成的"货币托拉斯"核心集团控制。文章一出，公众为之惊悚，认为摩根家族需要对纽黑文铁路公司的亏损负责，杰克则感觉尴尬不已。于是，他派出公司得力的合伙人拉蒙特和对方会面。

一见面，两个人假模假样地寒暄了几句，看起来就像普通商务会谈。等彼此感觉气氛稍微缓和了一点，两人就很默契地转入了核心问题。

布兰代斯满不在乎地直接指责说："在公众看来，摩根财团利用自己的强大财力，在许多公司董事会中占有了强大的支配权和话语权，你们组建的所有托拉斯，其实不过就是货币的托拉斯——就像我在专栏中写的一样。"

说完，布兰代斯耸耸肩，眼神毫无期待地看着拉蒙特，似乎并不想知道对方是怎么理解的。

拉蒙特进入商界以来，还没有经历过这样的直接指责，他只好说："你有什么证据，能证明我们是这种巨大影响的幕后指使者？布兰代斯先生，法律是需要证据的。"

布兰代斯并不买账："不需要证据，只要是个美国人都知道你们公司有多大权力。只不过大家都害怕摩根的名字。"

拉蒙特毫不示弱："害怕？他们害怕我们什么？"

布兰代斯镇定地向后一靠，盯着拉蒙特，似乎要把他盯出一个洞来："根据我的经验，你们的权力会消失，而不会扩大。"

两人不欢而散，道不同不相为谋。摩根家族相信，只有像传统的封建领主那样不断靠实力统一合并，才能减少因为竞争带来的市场混乱，而布兰代斯，则象征着新时代利益群体的呼声——自由竞争。

这种对立带给布兰代斯政治上的报偿，两年之后，他会被任命为美国最高法院的大法官。而杰克现在要面对的，则是更严重的负面消息，6月12日，纽黑文铁路公司的火车发生撞车事故，7名乘客死亡，这正好成了以布兰代斯为首的反托拉斯者的进攻机会。到9月,又发生了另一起事故,有21名乘客在翻车事故中遇难。为此,州际商业委员会接受了布兰代斯的建议,指责纽黑文铁路公司的财务情况,并组织一系列的政府调查和起诉。

醉翁之意不在酒,这显然是冲着摩根家族而来的,如果是皮尔庞特,一定会暴跳如雷,然后和政府对簿公堂。但杰克知道,时代不同了,自己更不是父亲,他保持着温和的外交姿态,然后更换了纽黑文铁路公司总裁查尔斯·梅林。

梅林的名气很大,被称为"铁路界末代皇帝",他的身上有着19世纪杰伊·古尔德的气质,为了获得商业上的成功可以不择手段。但皮尔庞特欣赏其才能,亲自挑选他入主纽黑文铁路公司,再加上他对皮尔庞特的忠心耿耿,更是让其地位稳固。可惜,梅林自己的名声不好听,他蔑视公众利益,也不顾行业规矩,为了争夺郊区的铁路线,他能够花费上百万美元去贿赂官员;为了获得游说的力量,他又用巨资买通哈佛大学的教授,演讲呼吁政府对铁路行业给予优惠政策;即使是一度被诉讼搞得焦头烂额,他又巧妙地通过赞助共和党全国委员会的竞选来全身而退。

或许是太走运了,梅林简直有些忘乎所以地解释什么叫作竞争:"(竞争)就要用到你所能想到的任何方式,比如一个人把另一个人的心挖出来那样,只不过换成两个铁路公司就是了。"结果,在他这套理念指导下,纽黑文铁路公司做假账、虚增交易和铁路资本化等手段层出不穷,等皮尔庞特反应过来,已经酿成错误、为时已晚。在1908年,摩根公司只好开始悄悄卖出这家公司的股票,并从中赚了一笔,彼时梅林的把戏正要得好看,市场上纷纷抢购。

现在,吹出来的泡沫果然破碎了,接班的杰克无可奈何,他只能选择屈服,用驱逐梅林的方式弥补父亲少有的过失,阻挡住这次反托拉斯群体的进攻。随后,杰克任命了新总裁,但这并不能给纽黑文铁路公司带来新生,半年多以后，众多小股民聚集到华尔街23号门前，抗议纽黑文铁路公司在40多年来第一次发不出股票红利。

杰克选择辞去了纽黑文铁路公司的董事职位，并先后从城市国民银行、纽约第一国家银行和国民商业银行董事会中退出，他的这种态度，消除了公众的质疑，也出乎反托拉斯人士的意料。其实，杰克是转移了战场，他选择到国外去开拓更大的阵地。

"一战"炮火带来转机

杰克基于对当时世界形势的判断，决定转移家族事业重心。皮尔庞特在世时，摩根家族就不断向法国、阿根廷等国家发放贷款，而现在，杰克决定把投资方向转到"第二故乡"——大英帝国。

众所周知，英国原本是横跨世界的日不落帝国，但盛极而衰，进入20世纪之后，英国世界霸主的地位开始动摇，陷入在南非的布尔战争长达三年时间后，1914年8月，这个老帝国的财政出现问题，国家经济呈现萧条局面。更危险的是，"一战"的阴影已经笼罩在欧洲上空，英国工业却几乎没有能力去生产必需的武器、弹药和物资。

为此，1914年10月，英国政府陆军部不得不派出专门的代表团前往华盛顿，他们想要从美国私人财团那里采购军用物资。这一步棋实属不得已，因为美国政府坚持保持中立，代表团只能将私人财团作为求助对象。

经过充分调查和评估之后，采购团确定摩根公司担任中介人，安排采购战争所需要的物资，同时，英国政府还任命摩根公司为金融代理人。除了其财团实力之外,代理费成为任命的最重要原因,之前英国人在美国采购物资需要付出7.5%的代理费,而杰克表示,摩根公司的代理费用只要所采购物资的2%。

1915年1月15日,摩根公司和英国政府正式签署合同,第一笔生意就是在美国采购价值1200万美元的军火,伦敦摩根建富公司成为两方交易的联络机构。随后,摩根的巴黎分公司担任起类似角色,和法国政府做起了类似的生意。

英国人一边和摩根家族进行采购代理业务,一边又担心采购被他们控制。不久后,军需部部长劳埃德·乔治专程来到美国,和摩根公司的重要人物亨利·戴维斯见面。

乔治皱起了眉毛,忧心忡忡地说:"关于摩根公司选择代理采购厂家的问题,相信您也知道,我们认为,应当将合同在民主党和共和党厂家之间来进行平均分配,不是吗?"

戴维斯微笑着说:"亲爱的部长先生,我们只是生意人,政治的事情我们不懂,给贵国或者其他国家政府采购,我们并不会区分哪些产品是民主党的,哪些又是共和党的,如果社会主义者手里的货价格低质量好,我们也会和他们做生意。"对这样的说法,劳埃德耸耸肩膀,无以对答,虽然他觉得尴尬不已,但他也承认对方说得没错。

1914年夏天,"一战"全面爆发。与杰克事先和合伙人们讨论的结果一致,美国经济受到了冲击:华尔街证券交易暂时停止了,大批农产品因失去了出口目的地而价格下滑,大西洋贸易航线中断,欧洲人原先投资来的黄金也大量流出。当然,最让摩根家族关心的还是债务负担。由于美元汇价此时猛跌,纽约市即将到期的8000万美元欧洲债务负担迅速增加了。这批债务是通过摩根公司卖到欧洲去的,而欧洲此时战事正酣,没人管得过来这点债务。

杰克做出的决定体现了摩根人的原则，他说："绝不可以延期债务。"在杰克看来，这还不仅是家族荣誉，也事关"第二祖国"英国的利益。为此，摩根财团组织了还债辛迪加，由摩根公司带头，将筹集而来用于还债的黄金运送到伦敦，存入英格兰银行。此举在维护英国利益的同时，更大大树立起美国的国家形象，全世界认识到，纽约和伦敦一样，能够保证债务的安全，美国商人也是坚持原则的！

对摩根家族而言，这批黄金其实最终还是要回来的，战争每天都要消耗大量军火，英国、法国和沙皇俄国更加积极地通过摩根家族进行采购，摩根家族从中赚到大笔的利润。仅仅1916年，协约国方面就通过摩根公司在美国购买了价值30亿美元的物资，摩根家族获得的利润为5000万美元。

另外，为了应对战争，协约国需要大笔的现金，杰克组建了银行辛迪加，为各国政府向美国公众推销债券，其中英法政府在美国发行的第一笔债券高达5亿美元，完全由摩根公司代理销售，杰克慷慨地表示不收取手续费。此后，在这场战争中，美国社会总共认购了协约国25亿美元债券，而德国政府因为没有借助摩根家族的力量，只贷到了2000万美元。

为了让筹款生意更加顺利，杰克马不停蹄地穿梭在大西洋两岸。1916年2月，他来到伦敦，和英国政府商谈怎样进一步筹资和采购；之后他又去了巴黎，和法国政府讨论下一笔2亿美元的贷款。此时，前线战火正酣，而摩根家族却得以扩大业务，当杰克从法国回来之后，又着手和加拿大政府谈判，为他们在美国发行债券。

1915年，美国社会反德情绪越来越高涨，民众呼吁参加欧洲战事。1917年，美国政府在反复讨论后宣布参战，这让银行筹款的生意更加繁忙。杰克很希望由此更大程度地参加战争的筹资，他甚至主动通过关系，向威尔逊总统表示，摩根公司的出口部门可以完全交给政府使用，但威尔逊拒绝了，杰克的热情碰到了冰冷的墙壁。

第七章 王位传承（1914年—1929年）

摩根公司在"一战"中获得了新的繁荣，杰克借此建立了声誉和影响，当初对他表示怀疑的人终于发现，杰克的能力并不比其父亲差，杰克也自信十足地告诉巴黎的摩根合伙人赫尔曼·哈杰斯："我很高兴，我可以说，我们的公司和从前一样，始终处在发展之中。我觉得我有能力接替父亲的位置，在家族事业上发挥作用。"

到战争结束之前，摩根财团在美国政府内的影响力显著提升。出口部的主管斯退丁纽斯，被任命为美国军需供应总督察；戴维斯成为红十字战争委员会的主席；公司的合伙人拉塞尔·莱菲维尔则成为财政部副部长，负责"自由事业"债券工作……除此之外，杰克还利用财团为协约国代理采购和筹款的特殊地位，强化了一大批亲密盟友的忠诚度，其中包括美国钢铁、通用电气、伯利恒钢铁、杜邦公司等，因为有以亿美元为单位的订单不断送到这些公司的手中，自然他们一切以摩根财团马首是瞻。

协约国政府大加褒扬杰克的贡献，1917年，劳埃德·乔治写信给杰克："我们幸运地得到了一家公司的帮助，他们始终不遗余力地保护英国政府的利益。"这封亲笔信被挂在伦敦摩根建富公司的茶室中，代表着英国人对摩根家族的友谊和谢意。

当然，摩根财团迅猛的发展在带来朋友的同时，也带来了敌人。全美国有十分之一的德国后裔，有最早的爱尔兰移民，也有大量呼吁中立的孤立主义者，他们指责，正是摩根公司为了赚取"鲜血淋漓"的金钱，让许多人在战场上长眠难回；英国金融界则在战后因为伦敦丢失了全球金融地位而嫉恨不已……

无论如何，"一战"结束时，已经没人能否认，杰克大大拓展了皮尔庞特留下的基业，更大的摩根帝国业已诞生。

枪口下的金融家

"一战"结束于1918年,但杰克没想到的是,此时在和平的美国国内,也会有愤怒的枪口指向自己。

1915年7月3日,周六,杰克和家人按照惯例住在长岛别墅。杰克打算今天在这里召开一次盛大的家庭宴会,欢迎新任英国驻美大使塞西尔爵士和他的夫人。这天早晨,整个别墅都在忙碌,用人们进行着例行的清洁工作,态度格外认真,而大厨们则在厨房忙碌,为主人和客人准备精美的早餐。

谁也没注意到,一辆汽车悄无声息地开入了摩根别墅大门口,此时,院门正好打开,根本无人看守。开车的人毫不犹豫地长驱而入,将车辆停在三层楼房前。

一个青年男人下了车,走到门口,按响了门铃。不一会儿,管家亨利打开了门,他彬彬有礼地说:"请问,您有何贵干?"

来人递上一张名片,然后傲慢地说:"我要见摩根先生,而且我只跟他说话。"摩根先生总有些傲慢的朋友,这一点管家早就习惯了,他低头仔细看了看名片,上面是"社区电话目录公司,托马斯·C·李斯特"。看起来,这不过是一个普通生意人。

正当亨利这样想着的时候,对方画蛇添足地加上一句:"我可是摩根先生的老朋友。"

这让亨利陡然起了疑心,他在杰克身边已经服务很多年,不可能有什么老朋友如此面生。他怀疑地看了看对方,目光停留在年轻人插入口袋的手,还没等他反应过来,那双手就迅速掏出一把左轮手枪:"让我进去!"

在枪口的逼迫下,亨利只好顺从地转过身,在前面一边带路,一边盘算着自己该怎么办。他不由自主地向大楼西部的图书馆走去,这样,来人就能

第七章　王位传承（1914年—1929年）

远离东头的餐厅，杰克一家人正在那儿用餐。

当来人走进图书馆之后，亨利假装恭敬地打开大门，等枪口移开，他就迅速冲向地下室，嘴里还大喊："摩根先生，快上楼！快上楼！"

听到声音，杰克第一个跳起来跑出餐厅，他跑到二楼，却没有看见管家，其他用人也从房间里出来，不知道发生了什么。正在此时，楼梯上传来"咚咚"的脚步声，还没等人们反应过来，人影一晃，两声枪响震动着耳膜，随之扑鼻而来的是火药味。再看杰克，他已经扑在开枪者的身上，那人仰面躺倒，拼命挣扎，杰克体重有220磅①，那人难以动弹。

最关键的时候，亨利又跑上楼来，他手上抓着一大块从地下室里拿上来的煤块，他把煤块结结实实地砸在那人头上，将那人砸晕了。其他用人才算明白过来，一拥而上把那个人捆绑起来。

杰克看场面已经控制住，再看妻子毫发无伤，自己走向电话，拨通了医生的电话。原来，他在搏斗中被那两枪擦伤了。经过检查，子弹惊险地擦过腹股沟，如果那人把枪口再抬高几厘米，杰克或许就有生命危险。

警察随后到来，把这个自称穆恩特的德国后裔带走，从他的包里还发现了两捆炸药，别墅前的草地上也有一捆，显然是他遗失在那里的。穆恩特被捕之后矢口否认自己要杀死杰克，只是说，想要将他绑架，让所有运往协约国的军火停运，撤回所有给协约国的贷款。在他眼里，只要摩根家族愿意，协约国就只能选择停战，而德国就能取得胜利。事实上，当时有这种荒谬想法的人并不少见。

之后，杰克加强了自己和家人身边的警卫，他不久后就康复了，回到工作岗位上。但此后数年，针对杰克的恐怖事件不断被披露，要杀他的人有亲德派，也有无政府主义者。杰克只好将人寿保险额提高到五十万美元，这是

---

① 磅，质量单位。1磅约合0.45千克。

当时全世界创纪录的金额。

摩根家族没有屈服软弱的个性，纵然杰克面临着死亡的威胁，他依然有着与众不同的坚强。当"一战"结束之后，摩根公司很快进入新的发展时期。

1918年，"一战"以英国、法国等协约国的惨淡胜利而宣告结束，德意志第二帝国崩溃，沙皇俄国宣告灭亡，欧洲格局发生了天翻地覆的改变。真正的获胜者，其实是大洋彼岸的美国，美国是战争背后的资助人，而摩根财团旗下的银行，则是美国金融银行界的主力。

战后，威尔逊总统趁着欧洲的衰落，忙于扩张美国海外实力，提高国际地位，在他的领导下，美国建立了不少银行联盟，其中最重要的机构当属外国金融公司。这家公司包括摩根公司，以及摩根控股的一些信托公司和银行，还有美国第一银行、花旗银行等，杰克理所当然地成为董事会成员。

通过这家公司和其他渠道，摩根公司在20世纪20年代积极为不同国家融资，这也是从吉诺斯的时代就开发的传统业务，这些国家包括欧洲的法国、意大利、奥地利、比利时、波兰和罗马尼亚，美洲的墨西哥、古巴，亚洲的中国、日本等。由于手握融资大权，摩根公司甚至能影响墨西哥或者古巴政府的立法计划。

这种国际金融服务同样也是不分客户的，和政治关系并不大，摩根公司不仅为美国的盟国融资，也为那些名声不佳的政府做事。1925年，在杰克的授意下，托马斯·拉蒙特前往罗马，和独裁者墨索里尼的财政部部长谈判，之后他面带喜色地回到纽约，立即建议杰克替意大利政府发行1亿美元的债券，外加提供5000万美元的贷款。杰克很信任这位父亲起用的人才，着手组建了一个银行辛迪加筹措资金，通过这个项目，摩根财团获得利润400万美元。

拉蒙特打造出这样的好项目后，很快又前来面见杰克，他带来另一个好建议。

将通用纳入囊中

"杰克,重现皮尔庞特先生的辉煌事业,机会就在面前。"1920年11月29日,拉蒙特郑重其事地坐在杰克面前说道。

这里是华尔街23号的图书馆,杰克很喜欢坐在有着高大天花板的书房中,坐在这里,似乎父亲并没有离他远去,正略带赞许地看着他不断拓展的家族事业。

"说说看,什么机会?"杰克做好了听下去的准备。

拉蒙特神秘地一笑:"是老杜兰特,他支持不下去了。"

这个名字让杰克立刻来了精神,两个人放低声音,密谋起来。

事情要从不久前福特公司的那一幕说起。当时,拉蒙特也是带着类似的表情,郑重其事地告诉杰克,说汽车行业不断发展,皮尔庞特先生错过了涉足的机会,作为已经奠定了成功基础的新领袖,您可再也不能错过了。这番话说得杰克心动了,他听从了拉蒙特的建议,让拉蒙特前往当时名声大噪的亨利·福特那里去洽谈入股事宜。

亨利·福特的名字在世界汽车历史上举足轻重,1903年,这位痴迷于汽车研究的企业家用2.8万美元创立了福特汽车公司,1908年他发明了T型车,1913年,他开始用流水线生产汽车。在他的公司,工人们每天只需要工作八小时,每小时能赚5美元,这比所有制造业工人的工资标准都高,一时间,上万人涌入福特的汽车工厂要求竞争工作岗位,福特也因此大大出名。

拉蒙特在此时来访,让福特感到很高兴,他也希望企业能够被大财团关注。因此,当拉蒙特说了一番礼节性的赞美之后,福特就将话题引向实质性的内容:"拉蒙特先生,不知道摩根财团对我们公司有怎样的看法?"

拉蒙特一听就知道福特是个聪明人,他最喜欢和聪明人打交道,这样可以直奔主题:"坦白地说,福特先生,摩根先生认为,贵公司目前存在的最大问题,在于股权结构上。"

"是吗?"福特脸上浮现出"请继续说下去"的表情。

拉蒙特继续说道:"福特目前只有你一个人掌控,可以说,企业的发展前途只跟你一个人有关系,恐怕不久之后你就会发现,自己承担的责任太重,而你能够获取的资本又太少。"

接下来,拉蒙特洋洋洒洒地对福特描述了皮尔庞特先生是如何并购卡内基钢铁厂,并最终打造出美国钢铁公司的。福特听得也很认真。最后,拉蒙特总结说:"福特先生,您的智慧需要专注于汽车这一新时代产品的发展,而不是资本游戏或者烦琐的管理事务上,你应该考虑进行大规模的金融举措——比如,由我们代理福特公司来公开上市。"

福特沉默着,没有说什么,拉蒙特以为他动心了,继续说道:"福特先生,即使公司上市,您还是会在公司中保留较大比例的股份,并持有最优先的债务权利,包括您的继承人也会得到最丰厚稳定的收益。"

但福特最终还是拒绝了这样的建议,他表示,自己想要考虑考虑再说。会谈就这样无疾而终了。福特不给面子,有的人却祈求机会。这个人就是拉蒙特口中的老杜兰特。他和福特几乎在同一时间看中了汽车行业。

杜兰特也不是一般人,他亲手打造了美国最早的汽车帝国。老杜兰特原来是制造马车的商人,从20世纪伊始,他转向汽车行业,并预言:"总有一天,美国的马路上,汽车的数量要超过马车。"

1908年,杜兰特开始自己动手,他为当时成立不久的通用公司注资,还合并了兰塞姆·奥尔兹和大卫·别克的公司,并将凯迪拉克公司纳入旗下。他有着超一流的口才,让沃尔特·克莱斯勒感慨他能把死人给说活,所以公司业务扩张起来活力十足。再加上福特打造的T型车带动了整个行业,更是让杜兰特的汽车王国面临着发展的好机会。

但问题是,当福特开始大批量生产新型的T型轿车之后,杜兰特却还是在

第七章　王位传承（1914年—1929年）

坚持自己的多样化生产线，不愿意跟在福特后面走低价格路线。结果到"一战"后，在1920年开始的经济衰退中，通用汽车严重滞销，股票价格也随之大跌。身为通用汽车大股东，杜兰特损失惨重，但他不承认自己的错误，反而又一次调动大批资金来全力维护通用股价。这种赌性十足的做法，让他很快面临出局境地——1920年11月18日，通用股价跌穿12美元，杜兰特发现自己需要补充100万美元的保证金，才能不被证券交易所拒之门外，但他此刻头寸告罄，完全无能为力了。

在最后的时刻，老杜兰特用颤抖的手拨通了拉蒙特的电话。拉蒙特敏锐地意识到，这可是个好机会，随着战后的通货膨胀，汽车业在美国突飞猛进，摩根家族想要继续保持自己的领先地位，就一定要把资本注入这个新发展的行业领域中获取利润。这下好了，杜兰特自己前来求救了。

杰克和拉蒙特商量完毕，决意吃下通用这块大肥肉。当天，摩根财团的德怀特·莫洛、乔治·惠特尼和汤姆·科克伦几个人，来到杜兰特的公司，此时，门口已经挤满了来要债的债主。杜兰特倒在座椅中，一脸听天由命的样子，但他听到摩根公司的来意时，不由得恢复了一些精力。摩根财团要以远低于收盘价的每股12美元即每股9.5美元的价格，买入他手中所有的通用股票，并且补交保证金。第二天，新的通用公司就此诞生，杜兰特持股40%，杜邦财团（杰克特意找来的盟友）持股40%，摩根财团获得另外的20%。虽然持股比例表面上不大，但杰克事实上获得了通用汽车公司的控制权，接替杜兰特执掌通用的是皮埃尔·杜邦，他对杰克非常欣赏，认为这是摩根家族高效收购的典范。

1929年，杜兰特再次被股灾袭击，失去了个人财产，他虽然准确预言了汽车时代，并一度掌管着最大的汽车企业，却最终没有享受到金钱和荣誉。1947年，早已被人们遗忘的他在失意中去世，摩根家族却在通用公司这一支点下，涉足汽车行业。

鼎盛时代，选择急流勇退

　　20世纪20年代，摩根公司又经历了一次高速发展的鼎盛时代。国际生意上，杰克领导公司参与了美国对德提供贷款的任务，该任务需要向德国提供1.1亿美元的筹款，资金筹集任务交给了摩根带领的银行家团队来操作。另外，美国委员会还承担了战后德国铁路建设任务，通过摩根巴黎分公司，专业的铁路管理公司也被介绍到德国帮助其战后重建——当然，摩根家族也从中赚了不少。

　　杰克成了欧美瞩目的商界巨星，他来到巴黎参加国际银行家会议时，受到来自媒体和公众的多方面注意。《纽约时报》做出评论，说杰克在巴黎所受的关注，仅次于威尔逊总统来参加凡尔赛会议。在国内，家族的影响力也达到巅峰。1923年，摩根公司支持的柯立芝担任总统，新的政策更加有利于摩根公司的发展。

　　商业上，纽约J.P.摩根公司有了新办公楼，那里有高大的壁炉、干净奢华的皮质扶手椅，还有可以移动桌面的特制大写字台。公司银行业务只接受大客户如国家、企业的存款，不接受一般人的存款，即使是有钱人想要进行个人存款，起存额也不能少于1000万美元，对7500万美元以下的存款也不支付利息。公司合伙人虽有增加，但还是很好地控制在一定数量之内，在华尔街23号，合伙人总共有14位，此时他们每个人的年收入都在100万美元以上，而到了20世纪20年代末期，杰克和拉蒙特每年收入达到500万美元。

　　当家族事业迅猛发展之时，人丁也同样兴旺，杰克的大儿子吉诺斯·斯宾塞·摩根三世，1914年从哈佛大学毕业，1919年加入J.P.摩根公司，成了合伙人，父亲希望他能够继承祖业成为银行家；杰克的二儿子亨利·斯塔杰·摩根，于1923年从哈佛大学毕业，一开始在华尔街做银行传票生，每周只拿155美元的工资,但到1928年,他获得了父亲的认可,并成为能够拿百万美元年薪的摩根公司合伙人。

但是,20世纪20年代对杰克本人却是不幸的。1925年8月14日,在经历了两个多月的昏睡之后,他最爱的妻子琼离开了他,据说,琼罹患的应该是当时较为常见的"昏睡病",病因是脑部的炎症。这对杰克打击很大,他的传统家庭观念和忠于婚姻是非常出名的,在低谷期时,就算各种攻击批评纷至沓来,也从没有人想要编造关于他的桃色丑闻。为了纪念爱妻,杰克用300万美元买下一块地,建造了一座摩根纪念公园。

他一直思念亡妻,他吩咐用人保持家中所有的物品摆设不要改变,一切家务规矩都要按琼定下的做,而自己则亲自养护妻子留下的花花草草。空闲时,他会去摩根纪念公园,在那里,他呆呆久坐,直至夕阳的余晖洒在面前的草地上。他感觉,自己应该急流勇退了。

杰克想退休的信号早就被人看在眼里,这个人不是别人,正是他的助手拉蒙特。拉蒙特原本是《纽约论坛报》的小记者,1903年,公司二把手亨利·戴维斯在火车上碰到了他,两人长谈之后,戴维斯认为他可堪大用,便将他带上了金融行业这条路。后来,又把他推荐给了皮尔庞特,拉蒙特自此开始步步高升。到杰克当权之时,拉蒙特俨然成为公司里的第三号人物,他也算是不负众望:1917年以红十字会主席的名义前往战地前线考察,目睹最惨痛的战争画面,让他成了和平主义者;在巴黎和会上,他代表摩根公司同时也是美国政府代表团金融顾问参会,获得了威尔逊总统的青睐;随后,拉蒙特又参与了解决德国赔款问题的"道威斯计划",还为奥地利和意大利政府提供金融服务项目……可以说,20世纪20年代,摩根公司一大半的事务都有拉蒙特的影子。

更何况,拉蒙特不仅能力强,而且运气好——杰克的大儿子吉诺斯·摩根三世,虽然被定为公司的合伙人,但他志不在此,他念念不忘船舶设计,最后当选了纽约游艇俱乐部主席；小儿子亨利·摩根又太年轻，连公司合伙人都不是；家族外最有希望接手的则是第二号人物亨利·戴维斯，但遗憾的是，戴维斯不幸在1921年就查出了脑瘤，这种病即使在今天也算是绝症，何况医疗水平较低的20世纪20年代，第二年，戴维斯就留下了上千万美元的遗产撒手人寰。

这样，拉蒙特顺利进入了公司权力的最顶层，这个看起来总是笑眯眯的小个子男人，将成为这家公司中第一个对"摩根"先生说"不"的重要人物。

这次挑战和杰克支持英格兰银行恢复"金本位"体系有关。"一战"结束之后，英格兰银行行长诺曼敏锐地发现，"一战"颠覆了欧洲原有格局，也终结了这种看起来很美好的货币局面，导致欧洲各国纷纷滥发货币，经济千疮百孔。反观美国，其在战争中受益最大，黄金储备充足、纸币供应平稳，因此想要振作英国乃至欧洲经济，必须依靠华尔街的力量。于是，诺曼找到自己的老朋友、美联储主席斯特朗，后者是摩根公司控制美联储的"老伙伴"。

诺曼和斯特朗、杰克的想法不谋而合，那就是，在英国率先恢复"金本位"！所谓"金本位"，就是由黄金来度量各国货币价值，这样全世界使用的实际上是"同一种"货币，贸易和投资便捷，也没有通胀的预期，经济看起来井然有序。作为"英式美国人"，杰克非常支持诺曼的做法，他先是说服了当时的总统哈定、财政部部长梅隆，然后又宣布由摩根公司担当为英国财政部提供资金的角色，发放了1亿美元的贷款给英国政府。

有了杰克撑腰，诺曼在英国政府说话分量十足，"金本位"恢复日程步步加快。1925年4月28日，当时的英国财政大臣温斯顿·丘吉尔在下院宣布，英国恢复了"金本位"。

可问题是，"金本位"并没有带来美好景象，诺曼自以为是地加了一条规定：英镑要以"一战"前的汇率水平即1∶4.86和美元挂钩。这条规定简直是脱离实际的梦呓，因为此时的英镑早就不再是战前的英镑，在战争中，政府采取了通胀政策，英镑的市场汇价只有3.5美元，此时又岂能仅靠一纸文件把英镑汇率水平调高？而另一条规定则更脱离实际：英国持有美元来代替黄金储备，欧洲各国持有英镑来作为储备，美国人则只需要操心黄金储备的事情。

这种体制当然不是原来的那种"金本位"，因为古典的"金本位"意味着持有人能够随时用纸币兑换黄金，而现在的新"金本位"则是纸币对纸币的空头支票。表面上强行规定的汇兑比只能带来一时繁荣，麻烦就在不远处。

按理来说，英国政府在此时应该紧缩货币、压低工资，否则出口会毫无竞争力。但政治是不讲那么多理论的，英国政府不可能在战后降低工资，结果，为了降低成本，企业开始大面积地出现裁员风潮，失业率陡然上升。不久之后，英国出口的煤炭、纺织品和钢材等产品在国际上失去了竞争力，国内的工资终于被市场压低，物价则直线上升……

"金本位"把英国逼入了死胡同。如果选择增加本国货币，英镑汇价过高会导致出口低迷；反之，失业率将越来越高，经济又会崩溃。这样的困局下，原来的"盟友"法国人又捅了英国一刀，他们才不管什么新"金本位"，而是在市场上不断抛出自己的黄金储备，结果英镑汇价随之迅速下跌，英国的美元储备几乎因此被掏空。杰克调动了多达110家的美国银行向英国政府提供贷款，维持英镑的地位，但局势却越来越差。

1931年9月21日，英格兰银行不得不宣布，"金本位"制宣告终结。随着这一制度的终结，英国出口反弹，经济开始复苏。在这个节骨眼上，不擅长和媒体打交道的杰克为了迎合他的"第二祖国"，又表示热烈欢迎这个制度的终结。

消息传到拉蒙特那里，"微笑先生"发怒了，整个摩根财团刚刚动员了全美110家银行去给英国提供贷款挽救"金本位"制度，现在杰克这么说，让公司的脸面往哪里搁？他马上找到合伙人中的另一位"老臣"斯蒂尔写信给杰克，"提醒"他摩根公司信誉尽失，而这一切是他的父亲和他自己经过多年打拼才建立的。

没有资料记载杰克在读完这封信之后有什么反应，他也没有回信，但从未来进程来看，杰克的退休意愿更加坚定了。实际上，家庭的变故、反对者的仇视已经让杰克感到压力重重，而这封来自内部的挑战信，只是压倒他的最后一根稻草。

第八章
跌入低谷
（1929年—1933年）

大萧条，逆水行舟不进则退

摩根家族一向远离投机，皮尔庞特很讨厌股市，虽然证券交易所就在公司隔壁，但他甚至不知道股市几点休市，说到股票时他只用一句简短话语："我从不赌博！"杰克也继承了这种风格，他虽有证券交易所的席位，但那只是为减少经纪人手续费用而使用，他自己从不去做任何一笔交易。

摩根公司承销业务也基本不考虑普通企业股，他们主要做的是债券批发和大银行、大企业的业务，对操纵股价、内幕交易等手段，摩根公司在20世纪20年代之前根本不曾涉及。

但树欲静而风不止，20世纪20年代开始，美国股票交易市场迅速繁荣起来。纽联储银行行长斯特朗为了支持英国实行"金本位"，大幅度提升国内利率，导致国内商品价格受到打压，从土地、石油和矿产等市场中出逃的资金无处可去，纷纷涌入华尔街股市。

那时候的股市可以用保证金进行操作，散户们只需要投入1美元，就能够炒10美元的股票，涨跌都被放大到10倍，这样的诱惑导致将近300万人进入股市，把证券市场炒得火热。因此，摩根的雇员和合伙人都蠢蠢欲动，许多人通过内幕交易和信息传递赚到了大钱。

逐渐地，公司终于不可能置身事外，还是参与了50多个股票交易辛迪加，控制着上百种股票。

这种违背了家族信条的投机活动，最终还是受到了市场的惩罚。1928年

第八章 跌入低谷（1929年—1933年）

10月，斯特朗突然去世，新的行长哈里森同样忠诚于摩根家族，他看到股市的巨大风险，提出用提高贴现率来抑制市场投机，这个建议受到华盛顿美联储委员会的反对，宝贵的一年时间全部浪费在与委员会的沟通中。到1929年时一切都无法避免，证券业的泡沫将要破裂，美国经济迎来了历史上最大的萧条期。

10月24日，华尔街阴云密布，重要的股票被大手抛出，在此之前，股市已经连续下跌，但许多投资者还是错误地判断了形势，纷纷投身其中抄底，连拉蒙特也不以为然地说："市场是可以自我调节和恢复的。"但从这一天开始，情况变得凶险起来，开盘后两小时内，股市的账面损失就高达上百亿美元。这天中午，华尔街的重要银行家们纷纷来到J.P.摩根公司，他们都是拉蒙特召集来的，目的在于研究一个逃生的方案。

这些人面容严肃，都知道这是和1907年皮尔庞特谢幕之战时分量相同的股灾。暂时协议很快达成，所有人共同集资形成紧急救助款，然后先大量买进美国钢铁公司的股票，抬起价格。

行动很快按照计划完成了，但这只是暂时的回光返照，和那时的皮尔庞特相比，银行家们关心的早就不是全盘局势，而是各自安危——包括杰克和拉蒙特在内。

很快，再也没有人提出要搞什么集体行动，银行家们连强心剂也不愿意注射给股市了。到10月29日，股价下跌的速度甚至连行情自动显示器也要跟不上了，许多人连价格都不问就相信股市要崩盘的谣言，然后给经纪人下出卖盘的指令，交易量多达1641万股。华尔街证券交易所有个聪明的实习生，开玩笑般地用每股1美元下单买了几家的股票，结果居然全都买到了，因为市场上根本就没有购买者！

这一天，整个证券市场的股价下跌了25%。到这时，任何人做什么都不管用了。接下来的短短几周内，300亿美元市值的股票消失了，这是当时美国政府发放国债总量的2倍。上千人为此自杀，但从另一方面看，这些人大都是梦想着一夜暴富的投机者，他们赌性十足，一门心思希望不劳而获，受到经济规律无情地碾压也在情理之中。

摩根公司主要的业务不在普通股的买卖上，所以这一年收益依然不错，之后的几个月内，公司的净资产依然保持着增长，增量超过了2700万美元。圣诞节，杰克在儿孙的簇拥下欢乐度过，到新年时，他已经计划去巴勒斯坦旅游了。

可是，股市的衰落终将影响实体经济，许多工厂和企业倒闭，有1300万人失业，在街头领取救济金的队伍越排越长，华尔街成了"苹果街"——卖苹果的都是倒闭金融机构的前员工。在这种情况下，投资者队伍无疑大大缩水，摩根公司的业务也就大步倒退了，从数字能看到一切：1929年底，摩根公司净资产还有1.18亿美元，到1932年大萧条时，只有5300万美元了。

在萧条时期，公司削减了雇员们20%的工资，但杰克和拉蒙特告诉员工，未来生意好转时，会优先给他们增加工资；当员工食堂关闭之后，公司还提供了午餐补助金；另外，在选择合伙人时，公司还是秉承任人唯贤的传统，并非看加入者能带来多少资本……这些都是皮尔庞特在世时的传统，摩根公司从不会亏待员工。

尽管努力维持好形象，但政府和舆论还是盯上了树大招风的摩根家族。第一个开始动手的是胡佛总统，这位不懂金融行业的总统天真地以为，股市的"跌跌不休"一定是那些该死的空头投资者操纵的，1932年，他启动了参议院银行和货币委员会对卖空行为的调查，很快，这个调查又盯上了股票交易辛迪加的事情。随着调查深入，内幕交易、投机卖空、杠杆信托等问题被充分暴露出来，经过新闻界一番渲染，民众们"恍然大悟"：原来，股灾是有原因的，而根源就是摩根公司这样的大银行！

除此之外，调查并没有产生什么实质结果，也没有证据证明摩根公司违

第八章 跌入低谷（1929年—1933年）

法，1932年11月，胡佛在总统竞选中全面败北，输给了年轻的罗斯福。第二年，胡佛黯然离开了白宫，美国总统的位置迎来新的主人。

对年轻的总统，摩根公司的合伙人们纷纷给出"好评"，只是这种好评是基于对他"好对付"的看法上。比如，莱芬韦尔就写信给伦敦，说罗斯福是"面带可爱笑容、举止很文雅，和蔼而且友善的家伙"，而拉蒙特写信的时候，也直接亲密地称呼罗斯福叫"弗兰克"而不是"富兰克林"。

但他们很快就都发现自己判断错误了，富兰克林·罗斯福比胡佛厉害多了。他从格罗顿公学和哈佛大学毕业，年轻时在华尔街著名的法律事务所待过几年，虽然看上去文质彬彬、胆小谨慎，但他内心却有着改革烈焰在熊熊燃烧，这团火马上就要烧到杰克·摩根的脚下了。

阴云密布，调查或侮辱？

罗斯福在1933年3月4日宣誓就任总统，他接下来的种种做法表示，新总统将会在全美国设计和推进崭新的局面。他上任当天，纽约州银行被全部关闭，随后，全国7000多家银行倒闭，占所有银行数量的四分之一，罗斯福将银行家推到道德审判席上，他说："货币兑换者们已经逃离了我们文明盛典的高座，我们将让这个圣殿回归于古老的真理。"

在对付垄断的手段上，罗斯福少见地采取了和他的前任一致的做法，而且走得更远。随着对中小银行停业一周的整顿之后，罗斯福要求参议院银行和货币委员会进行更加深入的调查，看看那些大银行到底在经济萧条的这几年里都做了什么。这样的要求既符合政府内部的看法，更符合作为社会主流的平民们的呼声——反托拉斯人士要求调查摩根家族，已经持续了有快三十年时间了。

1933年，一个名不见经传的人主管这次调查听证，他叫费迪南德·佩科拉，是纽约地区的助理检察官。他正直无私，有着十足的正义感，这个意大利后裔在将调查矛头指向摩根公司之前，先从花旗银行下手，他把花旗银行前几年的交易记录翻了个底朝天，然后宣布，花旗银行总裁米歇尔为了逃避交税，把自己手中的股票以低价卖给家庭成员，然后再回购，另外，这家银行还把高风险的拉丁美洲债券卖给美国的普通百姓。

第二个倒霉的是大通国家银行的合伙人艾伯特·威金，1929年，在股市狂跌的几周中，他从大通国家银行借来800万美元贷款，然后将大通国家银行的股票做空，白白赚了几百万美元。

这些事情原本只是些传闻，而经过佩科拉的调查后再公布出来，民众愤怒了。但杰克并不担心，他觉得自己在道德上无可指摘，根本就调查不出来个所以然。

佩科拉可不管这一点，他带着调查小组，进入摩根公司加班了一个多月，将账目全都仔细检索一遍。到1933年5月，佩科拉宣布，要召开对杰克的公开听证会。

不知是宿命还是巧合，5月23日，66岁的杰克像他的父亲那样，为了家族的利益，又踏上了去华盛顿接受质询的道路。听证会的前一晚，家族的律师戴维斯专门为他搞了次演习，模拟各种刁钻的问题让杰克作答，并劝他不要像他父亲那样当众发火。第二天，杰克终于能压住自己内心的恼怒，出现在听证会上，他的开场白比他父亲当年的话要更为感人，描述了私人银行家道德和声誉的重要性，但可惜的是，没有什么人能听得进去。

佩科拉率先开火，他没有把进攻的火力放在摩根财团对其他企业的支配地位上，而是抓住杰克的痛脚大打"个人所得税"的牌。在1930年、1931

第八章 跌入低谷（1929年—1933年）

年和1932年，杰克没有缴纳个人所得税，而摩根公司的20个合伙人也都分文未交，其中有不少人采用了当时合法但未见合理的避税手段，例如拉蒙特的儿子汤米，把股票亏本卖给老婆然后再买回来，这样在账面上他有了充分亏损，自然不用交税了。

等列举完这个"逃税"的例子，佩科拉眨着小眼睛问道："那么，摩根先生，现在您是否能解释一下，为什么您在这三年也都没有缴纳个人所得税？"

实际情况是，杰克的收入没达到交税的数字。但这位老人一时语塞，他并不擅于这种公开作答，作为如此知名的人物，他很少被记者拍照和访谈，在许多公开场合都要戴着巴拿马草帽遮挡——这也是摩根家族的传统，追求成功，但永远不追求高调。

停顿了一会，杰克只好说："对不起，我不知道我的纳税情况。"

听证会观众席随之一片哗然。虽然这种回答并不违法，但新闻媒体需要的就是这种亮点，记者们纷纷低头唰唰记录，第二天，报纸上就用大字标题报道"摩根合伙人用无知推脱逃税控诉"。

在这片哗然中，也有人对杰克很同情，他是支持摩根的卡特·格拉斯，面对这样毫无重点只是为了宣传效果的不公平质询，他脱口而说："这简直是在看马戏。"这句话反而"提醒"了一家报社的头头，第二天，他真的带来一个32岁的侏儒，并且打扮得很可爱，宛如小女孩。在听证会开始之前，他把侏儒带进杰克的房间并介绍给杰克，出于礼貌，杰克站起来和她握了握手，但当杰克坐下来时，有人把侏儒放到了他的膝盖上。

直到此时，杰克还以为她只是个孩子："我有个比你大的孙子。"

"不，我32岁了，摩根先生。"

这时候，十几个闪光灯一起亮了，公司的合伙人痛苦不堪地看到，摩根公司陷入了庸俗的宣传手段中。连在场的议员们也都很生气，要求报纸不能刊登这些照片，但除了《纽约时报》之外，其他所有报纸都在第二天刊登了这张奇特的照片——金融大亨和马戏团女侏儒的合影，照片上，杰克看上去像个慈祥的老爷爷。

杰克本可利用这次被愚弄的事情来博取同情，但他祖传的骄傲不容许他这样做，他不得不装作自己可以接受这种"玩笑"。只是有人问他为什么不及时把那个侏儒推开时，他语带讥讽地回答："这个嘛，你知道，我当时不敢确定她不是调查组成员或是内阁成员。"

这些对杰克本人的质询也好、恶作剧般的宣传也罢，都不是调查最致命的结果。那份优惠客户名单的披露，才算是最后的铁证。这份名单分量十足，有当时的财政部部长威廉·伍丁，有胡佛之前的美国第三十任总统卡尔文·柯立芝，还有共和党全国委员会主席，此外，民主党全国委员会主席也在名单上，最可笑的是，佩科拉委员会成员之一的麦卡杜议员也赫然在列。另外，经济界的重要人物和一些同摩根家族关系颇深的社会名流，也位列其中。

所谓优惠客户，就是能够提前买到摩根公司发售新股的客户，在十年大牛市中，只要拿到新股，不管是什么企业的股票，等新股一上市就等于横财到手。提前买到新股，在当时虽不违反法律，可如此之多的政界人士牵涉其中，也算重量级的丑闻。

对这个丑闻，摩根公司派出的乔治·惠特尼给出相当勉强的理由，他说之所以选择这些大投资者接受新股，是因为他们有能力承担如此之大的风险。这种话根本对付不了佩科拉，他讽刺地指出，虽然大客户们有这样的"牺牲"精神，但那些新股可没有一支是不赚钱的。

"优惠客户名单"事件无异于背叛了从吉诺斯传递下来的家族原则，昔日与众不同高高端坐在宝座上的摩根家族，在公众眼中再也不是当初皮尔庞特所保持的形象。

第八章 跌入低谷（1929年—1933年）

事已至此，无可挽回，鉴于调查结果，带着复杂的心情，罗斯福签署通过了《格拉斯–斯蒂格尔法案》。

格拉斯–斯蒂格尔法案

1933年6月16日，对以摩根公司为代表的大银行给出的打击奏响了最高音。这一天，《格拉斯–斯蒂格尔法案》即美国《1933年银行法案》被通过了。

20年前，在皮尔庞特西去之前的听证会，仿佛从来就没有在美国人心中结束，现在，质询终于有了结果。

法案第8条规定，公开市场业务脱离纽约联邦储备银行的控制，成为联邦储备委员会的职责；

法案第21条规定，储蓄机构不得发行或承销债券；

法案第32条规定，任何银行或证券公司之间，都不允许相互兼任董事。

这三条规定是对摩根财团最精准的打击。美国政府想要控制经济，同时又有道义上的支持，有媒体的力量，现在，政府更有了法律的武器，摩根家族在劫难逃。给他们最后一击的不是别人，正是摩根图书馆的常客——华尔街上的"老友"们。

1933年3月，大通国家银行新总裁温斯洛普·奥尔德里奇突然决定收回大通国家银行在证券子公司的全部股本，他用实际行动第一个响应法案，让大通的银行业务和证券业务彻底分家。消息刚刚传出，花旗银行的新掌门人詹姆斯·柏金斯也宣布支持分离银行的商业业务和投资业务。

这样的表态，说明当年团结在皮尔庞特旗下众志成城、共克时艰，度过1907年金融恐慌的银行家联盟，就此土崩瓦解，整个银行联盟迅速分化为两大阵营，一方支持法案，另一方则斥责这个法案是金融界的灾难。

所有的背叛其实都有原因，这次大通国家银行和花旗银行的背叛，原因就在于其背后的洛克菲勒家族。

宁愿牺牲自己的相关业务，也要换取摩根公司的分裂。这种壮士断腕的做法，是摩根家族的保守思维无法预料的，就像古老的欧洲骑士碰到了美国拓荒时代的牛仔，谁也想不到牛仔就算会被长矛刺伤，也一定要掏枪开火。

在罗斯福看来，这些宁可自身利益受损，也要维护国家金融经济的公平和安全的银行家，真乃国之重器。但其实也只有奥尔德里奇这样的金融界大佬，才能设计出如此厉害的法案，尤其是第32条，杀伤力尤为惊人。从皮尔庞特时代开始，摩根家族就凭借着"董事相互兼任"来实现对金融界和实业界的控制，在摩根公司的20名合伙人中，起码有一半人担任其他银行、实业企业的董事。这种关系链条越是错综复杂，每个人身后绑上的羁绊就越多，而这些羁绊终将汇入皮尔庞特的掌中。这样，皮尔庞特自然能一呼百应——横向，他们可以联合有兼任董事的银行共同承担业务；纵向，他们能够第一时间了解大实业企业的需要，又能第一时间在证券市场中翻云覆雨。

这种控制方式被法案第32条完全摧毁。摩根家族伸出的触角被全部斩断了。

此外，法案第8条则斩断了摩根家族掌控美国货币政策的手腕，从此开始，纽约联邦储备银行的货币政策制定权被转移到华盛顿联邦储备委员会，摩根财团终于失去了对美国和欧洲各国央行政策的巨大影响力。

虽然杰克和拉蒙特始终努力，不断地和白宫联系，试图阻止法案通过，但罗斯福意志如铁，他坚信新政必须要建立在大多数人的拥护下，如果必须选择得罪一方，他宁愿选择得罪摩根财团。

第八章 跌入低谷（1929年—1933年）

从法案通过的那一刻起，一个尴尬的事实呈现在J.P.摩根公司面前：这家有着光辉历史的老牌银行居然成了非法企业，而想要避免更坏的结果，分家将会是唯一的选择。开办新的银行或者做商业银行，进行存款贷款的传统业务；或者成为投资银行，做证券债券的代销业务。那么，J.P.摩根公司将会变身成为其中哪一种？

杰克连续几天把自己关在图书馆中，面对皮尔庞特画像中那炯炯有神的眼睛，他在思考，如果父亲还活着，面对这次困境，父亲会怎么办？当然，他或许会比自己更加愤怒，但他是掌舵者，一定会为家族选择最好的方向走下去。

在这样的冥想中，杰克仿佛回到童年，他想到父亲严厉而慈祥的谆谆教导，那是对传统精神的尊重、对家族习惯的骄傲，也蕴含着数百年来一代代摩根人的智慧和经验。这些声音在他每一次面对人生抉择时都会响起，让他心怀感念。这一刻，他听到皮尔庞特那决然果断的声音：让J.P.摩根公司保留下来！

"好的，"杰克喃喃自语，"那就变成一个单纯的商业银行吧！"

摩根士丹利"出走"

杰克要将J.P.摩根公司变成单纯的商业银行，内心经过相当长一段时间的挣扎。他知道，家族的商业之本是投资，通过运作代销股票、债券等证券业务来为各国政府和各大企业服务，从中获得充分的回报。但杰克坐在今天的位置上，他要考虑的不只是商业因素，更多还有家族重视人才的传统。1935

年，美国的失业率高达20%，如果摩根财团选择走投资银行的路线，就需要解雇大量员工，这当然是有悖于摩根家族传统的。

当然，杰克也不仅是为了传统，这时，公司依然在操作一项由卡特·格拉斯提出的新修正案，希望能在银行法中恢复商业银行从事有限的证券业务，合伙人们甚至期待着有朝一日通过政党更迭，将那部要命的法案修改甚至废除，可如果现在就贸然把将近400名的员工队伍解散，到那时再想要重新聚拢人才队伍就很难了。

此外，在大萧条期间，证券业务黯淡了数年，这段时间内，银行最不赚钱的业务就是证券承销。这也让杰克觉得，商业银行虽然传统平淡，但起码比投资银行更加稳定。

杰克提议，让少数人从J.P.摩根公司走出去，新成立一个投资银行，剩下的400多名员工仍坚守商业银行。不久后，合伙人们通过了这个提议。虽然今天来看这种选择有很大的方向性错误，但在当时，杰克只能这样做。

分家之前，杰克提前做了两项重要的准备事项。

一是和摩根建富划清关系。

摩根建富直接变成独立的有限公司，J.P.摩根公司只持有其三分之一的股份，这样，J.P.摩根公司就无法涉足英国的证券业务了。对J.P.摩根公司来说，这斩断了他们和伦敦之间的生意联系，保持的只有利益关系，对这一点，英格兰银行感到非常高兴，而最高兴的则是摩根建富公司，他们终于不用再忙于进行外汇贷款，而是可以和其他伦敦的投资银行那样，参与国内发行证券和银行兼并的业务。后来，成为该公司董事长的蒂姆·柯林斯直截了当评论说："显然，这就是让他们别多插手。"

二是进行了大规模的艺术品拍卖。

杰克先是对外声称要清理资产、规避遗产继承税，卖掉了自己收藏的6幅名画珍品，得到了150万美元，然后又通过伦敦佳士得拍卖行卖掉积攒多年的小画像，这些画像总共有7箱之多……有人猜测，杰克在保存资本，面临分家的摩根财团必须要有更多的现金。

这种猜测也许是有道理的，因为在1913年，他也进行了一次收藏品拍卖，那次他进账了800万美元，观察家分析他是为了缓解父亲去世之后财团现金流失的问题。但这次并不一定如此，因为此时的摩根财团并不会因为分家而缺少几百万美元，或许是年老的杰克在做出无声的抗议，他不想为这个无法容纳其家族传统理念的国家保存艺术品。

无论如何，历史不会因为一个老人的固执就停下前行的脚步。9月5日，在杰克·摩根的68岁生日到来之前，摩根财团宣布分离。拉蒙特、惠特尼来到摩根公司合伙人办公室，他们站在壁炉边向记者们宣布：J.P.摩根公司债权部的20多名员工将分离出来，组建摩根士丹利银行。

这家银行将会有三位来自J.P.摩根公司的合伙人，他们分别是哈罗德·士丹利，1927年，他顶替走上仕途去墨西哥担任大使的莫洛加入了公司；杰克的小儿子，亨利·摩根；公司的老员工威廉·尤因。

另外，还有两位来自盟友德雷克塞尔家族的合伙人，他们分别是佩里·霍尔和爱德华·约克。

拉蒙特简要地宣布了这个决定，并着重补充说，新的公司将会从事"由我们公司从事的那种性质"的证券业务。他说这句话的时候，其他人面容严肃甚至略带悲戚，但杰克和他的儿子亨利都没有参加这个宣布会，不知道是不是故意的，杰克选择在这个时候去农场打猎，用猎枪瞄准那些松鸡，他才能忘记这些烦心事。

几家欢乐几家愁，9月16日，摩根士丹利在华尔街2号正式开张。开业当天，小小的公司芬芳四溢，华尔街的同行们送来了一束束鲜花，插在花瓶里，整整齐齐放在办公室桌上，进进出出的人都面带喜色，和宣布分家那天的景象完全不同。

除了应有的气氛之外,摩根士丹利更像是"老店新开",摩根士丹利的工作跟之前摩根财团证券部门的业务没有任何不同,应接不暇的客户冲着"摩根"这个金字招牌蜂拥而来,士丹利牛气冲天地让下属告诉一家从事公用设施业务公司的董事长,让他下一周再过来讨论事情。

的确,表面上分家,但暗涌的血脉又怎么可能朝夕割断?从这天开始,私人投资银行在美国金融街成了新的竞争战场,华尔街用欢迎而警惕的目光,注视着从摩根家族"出走的孩子"——摩根士丹利。

第九章
新希望
（1934年—1943年）

"新摩根"与"老摩根"

由于新政将J.P.摩根公司、花旗银行和大通国家银行都赶出了证券行业，摩根士丹利成立之后，眼前是一片没有竞争对手的"蓝海"。它就像"口衔金汤匙出生的婴儿"一样，仅仅因为其血缘，就能得到比其他竞争者更好的条件——几个合伙人只拥有公司50万美元的普通股份，公司真正的启动资金在700万美元无投票权的优惠股中，其中大部分控制在杰克和他的家人手中，他们总共拥有其中50%，拉蒙特一家拥有40%。所以，谁也不能否认，此时的分家更多只是形式上的。

摩根士丹利获得的业务机会更多，原来属于J.P.摩根公司的常客将会成为他们的客户。第一笔业务就是大型电力公用事业的证券发行，随后，在成立的第一年，摩根士丹利令人惊讶地总共获得了10亿美元的发行业务，整整囊括了市场四分之一的业务量。几年后，摩根士丹利为纽约中央铁路公司、美国电话电报公司、通用汽车公司、杜邦公司、美国钢铁公司、标准石油公司以及阿根廷和加拿大的政府操作了一系列的证券业务，和J.P.摩根公司原有的相关业务部门对比，摩根士丹利已经青出于蓝。

摩根士丹利也具备了摩根家族的显赫和高贵气息。虽然资本金和规模都不大，但他们还是坚持只做独家主承销商，有这样的身份，他们就能够在企业证券定价、参与分销机构销售额度的分配和管理费价格制定上有充分的权力。另外，募资说明书也要凸显摩根士丹利的地位，公司的名字必须要印刷在所有承销商名单上的最前列，而且要用显眼的斜体字印刷。反之，如果是其他银行牵头组织的证券承销，摩根士丹利基本上不会参加，更不会出现在分销商队伍中，因为这样做无疑是自砸招牌。

这种原则，在合伙人看来是荣誉，在竞争者看来就是傲慢。其实，摩根士丹利也有苦衷，由于证券交易委员会规定，一家投资银行承销证券的数量多少必须要和公司资本相关，摩根士丹利根本无法单独承担应对大型企业的证券承销，他们只能很明智地根据家族讲究信用和绅士法则的传统，通过银行家之间的默契和口头协定，建立起属于公司领导下的"承销俱乐部"，这个俱乐部犹如高高的金字塔，坐在塔顶上的，是摩根士丹利，它是独立的主承销商，一览众山小；在它下面，则是一级级为了获得分销配额的机构，纷纷对摩根士丹利马首是瞻。

只要能挤进这样的金字塔，分销机构们拿到越多的分销配额，就意味着获取更多的代理费，这种密切的利益联系，让承销机构对摩根士丹利俯首帖耳。摩根士丹利在市场上和竞争者根本就不是一个数量级的，它能够迅速组织一百多家的承销商和五六百家分销商来发行证券，竞争者对此无从招架，更谈不上超越。

此后数年，埃克森美孚、壳牌和更多全球著名企业也成为摩根士丹利的客户，不仅全美国，就是全世界也没有投资银行能和其抗衡。摩根士丹利的第一个广告横空出世，在广告招牌上只有一道雪亮的闪电，刺破了厚重的乌云，闪电下方赫然一排大字："如果上帝融资，他也会找摩根士丹利。"

到20世纪40年代初，摩根士丹利已经超越了J.P.摩根公司。在这里，合伙人和员工的收入远远高于J.P.摩根公司，而J.P.摩根公司的客户也不断流失到摩根士丹利。原先人们对J.P.摩根公司帮助摩根士丹利的质疑也消失了。

1941年12月5日，摩根士丹利将J.P.摩根公司合伙人所拥有的优先股进行兑现并取消，从此之后，只有血脉之间的共同点，还能让两个公司能始终有联系，从利益上来看，这已经是真正的两家独立公司了。

确保之后血脉联系几十年的，是杰克的二儿子——亨利·摩根。

亨利·摩根担任着新公司的财务总管，人们评价亨利说，他的许多方面和爷爷皮尔庞特很接近，比如他的严厉果断和积极进取。亨利住在纽约北海岸半岛上，每天乘坐高速快艇去华尔街上班，由于目睹了佩科拉调查听证会是如何为难父亲的，亨利对政治和媒体都很是厌烦。他很少在公共场合出现，在公司里他也只是合伙人中的一个，而绝非领导者。

即使如此，人们还是习惯性地将注意焦点放在他身上，因为他代表了摩根家族，展现出摩根家族的传统和灵魂，代表着和欧洲金融世家的密切联系。

亨利非常清楚，他的道路不可能和爷爷一样，皮尔庞特的时代在父亲那一代就终结了。父亲为摩根公司打造出了团队领导的方式，并让公司从中获得长足发展，因此，在摩根士丹利，他需要扮演的也是类似角色。

"船小好掉头"，在享受亨利代表的"血缘福利"的同时，摩根士丹利也积极做出变革。当他们承销美国贝尔公司债券的时候，公司第一次在报纸上刊登了募资说明书。这种做法不用说以前的J.P.摩根公司，任何一家银行都没有这样做过，这是因为按照新证券法的要求，证券发行过程必须要从暗箱操作步入阳光，让投资者通过募资说明书获得更多信息。

这种新做法提高了信息透明度，提振了投资者的信心，受到广泛的欢迎，也巩固了摩根士丹利的地位。因为想要准备好符合法律规定的募资说明书并不容易，负责募资的银行必须要对募资的实业公司进行"尽职调查"，即深入了解企业是否为了捍卫股东利益而尽职，并确保自己对证券的发行不会误导投资者。当然，企业也欢迎这么做，摩根士丹利开出的募资说明书和尽职调查报告，就是企业实力的最佳说明。

证券发行的市场格局就这样被确立了，从诞生开始步步扩张，摩根士丹利确立了华尔街第一号证券承销商的位置,在企业最巅峰时,两百多家公司参加了"承销俱乐部",只要摩根士丹利对其中任何一家公司不满,就能将之开除,对此谁也不敢说一个"不"字。摩根士丹利如此高高在上的神圣位置,一直保持到1981年。

"二战"岁月

早在1933年,杰克就将J.P.摩根公司总裁的位置让给了拉蒙特。摩根士丹利"出走"之后,杰克选择了从舞台上退场。此时,他已67岁了。

退休之后,杰克享受着老年生活,他乘坐豪华的"海盗六号"游艇进行长时间的航行,或者含饴弄孙。杰克非常重视孩子们的教育。有一次,4岁的孙子问,为什么火车在过岔道口时必须鸣笛,因为担心自己解释不好,杰克专门花钱请来了专业人士解答。这种对教育的重视也会让孩子们感到压力和困惑,在长岛别墅里,杰克每周都要搞一次全家族的聚餐,聚餐时无论男女老少都要着正装,杰克将之看作维护家族整体凝聚力的仪式,这种仪式决不允许被轻视,他会亲自站在门口看表,时间一到就开始,不会等任何人。

相比较而言,杰克对J.P.摩根公司的事情已经不大热衷,发生在父亲和自己身上的漫长调查让他对生意和政治都失去了兴趣,但他会每天都到自己的办公室坐坐。那里有皮尔庞特的画像,还有熟悉的宽大写字台。杰克不愿意了解罗斯福领导下的社会变革,他无法适应新节奏,正如同那个时代的许多老年人一样,但有时候他还是会忍不住发表长篇大论。

1937年,杰克去英国参加国王乔治六世的加冕典礼,在加冕之前,他邀请了2000多位英国朋友（主要是当地农场主）去他的别墅庆祝，没想到在那里他心脏病发作，只能在病榻上听完实况转播。

当他回到美国时，记者们蜂拥登上客轮，找到杰克进行采访，他依然口无遮拦："国会应当懂得如何征税，如果它不懂得怎样收税，那谁纳税谁就是傻瓜。"

这样的行为让公司总裁拉蒙特很是烦恼，但杰克不想改变，好在他待在英国的时间也越来越长，在那里他受到更多尊重，注重个人隐私的英国文化也让杰克感到舒服，特别是和皇家之间的友情也让杰克感到那里是他的"第二故乡"。他经常和皇室成员一起游玩，让乔治六世的女儿爬到他膝盖上玩耍，后来这个小女孩成为英国女王伊丽莎白二世，并且将个人财产交给摩根建富掌管。

1939年8月底，杰克和乔治六世正在苏格兰度假，一个惊人的消息打断了他们的假期：9月1日，纳粹德国闪电袭击波兰，第二次世界大战爆发了。很快，国王回到伦敦，杰克则立即返回华尔街，他们都有关于德国的事情要处理。

在战争爆发之前，J.P.摩根公司和德国就有着难以摆脱的联系。"一战"之后，沉重的赔偿清单让德国经济面临崩溃，他们转而向摩根公司提出贷款请求。1924年，以J.P.摩根公司为主，打造出了"道威斯计划"，按照计划，德国对"一战"协约国的赔款将由华尔街的银行和欧洲其他国家银行来提供，这个计划解决了马克的疯狂贬值问题，结束了德国的通货膨胀。

但更大的问题是，拿到了计划中的贷款，德国怎么能还得起？德国央行行长沙赫特到处宣称，让德国赔款上千亿马克是不公平的，德国也不可能赔得起。为了解决这个问题，到1929年，在巴黎会议上，美国、英国、法国和德国代表们吵翻了天，最终推出个杨格计划，再次延长了德国的还款时间。按照这个计划，德国的赔偿总额要分59年来偿付，得一直还到1988年。

第九章 新希望(1934年—1943年)

这样,德国就成了先后两个计划的最大受益者,他们从美英两国的银行那里拿到了200多亿马克,支付出去的赔款却只有110亿马克,源源不断的美元向德国输血,资本通过J.P.摩根公司流入德国,带来了德国经济的高速增长。如果就此发展下去,情况似乎也不错,但1929年的股市崩溃毁掉了一切,美元从德国迅速撤离,美国银行反过来要从德国企业那里收回贷款,前期疯狂投资带来的刺激,现在迅速变成了压制和破坏。

德国干脆从1930年开始停止赔偿和偿还贷款,后来,阿道夫·希特勒就上台了,接下来,失控的德国被绑上了战车,马不停蹄地拖着整个欧洲朝向最危险的雷区前行。最讽刺的是,沙赫特此时又筹划出新的计划,德国人拖延着摩根财团的贷款,然后再用这些钱从美国购买了大量军事技术和军备物资。

而这一切,追逐利润的J.P.摩根公司几乎全然不知,毕竟这只是家商业银行,而且家族规矩是不要涉足政治和投机。直到战争打响,沙赫特在1940年初被解除了帝国银行总裁职务,杰克和拉蒙特才恍然大悟,别说利息了,连贷款都要回不来了,剩下来的只有战争!

其实,摩根公司在政治上的短视并非一两天,拉蒙特在20世纪20年代出访意大利和日本,和这两个国家的政治家与金融家相谈甚欢,以为能和他们做成大生意。后来,他才明白这些国家的野心之大乃至要吞并世界,和他们打交道犹如为魔鬼服务。懊恼不已的他写信给朋友说:"我可能百分百错了。"

"二战"开始的消息催促着杰克回到华尔街,但这里没有任何战争的影子,只有纽约股市的一片红火。美国投资者乐观认定,这个国家将会再一次从世界大战中获利。杰克仔细地思考之后决定,公司不再从事采购代理物资的业务,因为他担心战争结束后,大众对公司发战争财的指控会重新到来。

英国也参与了"二战",摩根公司不可能看着伦敦被德国人没日没夜地轰炸，那里可是公司的发源地。拉蒙特派出一波接一波的说客，说服国会同意英国能够在美国采购物资，但需要英国自己来运输，而且要交付现金。

1940年8月，英国的儿童开始从伦敦疏散，杰克热血沸腾地承担了接待任务。他在纽约西十四街的港口，迎接了载有400多名英国儿童的轮船，还有他们的女家庭教师和保姆，这些孩子都成了摩根家族的客人。另外，杰克把自己的"海盗四号"游轮交给了英国海军服役，捐献了许多物品进行义卖，亨利也将自己的格鲁门水上飞机卖给加拿大进行巡逻……杰克还为他的英国朋友打气说："你根本不需要垂头丧气，我告诉你，英国一定不会投降的，一定不会，一定不会！"

1941年，美国正式宣布参战，美英并肩战斗的情况终于再次来临。拉蒙特到处游说，美国人的血管中流动着英格兰、苏格兰和爱尔兰的热血，那是他们的力量源泉。而另一位重要的合伙人莱芬韦尔也煽情地写信给拉蒙特："在我心中，唯一值得为之而战的，是拯救英格兰和大英帝国，为此我愿意流尽最后一滴血。"

公司的这种态度，让J.P.摩根公司和力主参战的罗斯福总统终于尽弃前嫌，美国的政治和经济主导者重新和睦共处，为击败资本主义制度乃至全人类的敌人而共同努力。

不过，杰克看不到战争的胜利了。1943年2月，他心情愉快地坐上火车，想要去墨西哥湾钓鱼，出发之前的体检显示他的身体状况良好。但南下的路上他再次突发心脏病，同时又有严重的脑中风，当他回到家中时已经昏迷，从纽约赶来的私人医生也束手无策。两个星期之后的3月13日，杰克于佛罗里达州去世。

杰克为摩根家族留下箴言："做你的工作，要诚实做人，言而有信，要及时助人，公平办事。"他死后，财产也只有1600万美元，并由两个儿子继承。他在长岛的别墅后来被苏联驻联合国代表团租用，之后被卖掉，再后来被拆除，而在麦迪逊大街和37号大街的住宅则被当作教堂使用。

杰克被送回哈特福德的家族墓地，和父亲与爷爷埋葬在一起。与皮尔庞特一样，杰克也是在75岁去世，而且死亡的消息都在股市收盘之后才公布，避免影响股市。杰克去世之后，报纸称呼他为"美国最后一个金融界的巨人"，皮尔庞特去世时，媒体也是这样形容的。

不论杰克究竟是否能和父亲一样算作"巨人"，他的去世都代表着J.P.摩根公司走出了家族王朝，迎来现代化公司的新生命。

合伙人制度终结，摩根公司也上市了

在杰克去世前几年，公司改革已经发生，这是J.P.摩根公司发展历史的重要变化。

1940年2月，一直深居简出的杰克在记者招待会上突然出现并宣布，J.P.摩根公司将会进行改革，原有的合伙人领导制度将会被董事会领导制度替换，他是第一届董事会主席。

公司放弃了合伙人制度，意味着放弃了传统经营形式。过去，J.P.摩根公司是一家私人合伙银行，个人财产和公司股份是不可分离的，合伙人要承担公司所有损失，但他们愿意接受这样的风险，因为合伙企业才能够对外保密资本，账目也不需要接受检查，这种从皮博迪时代就建立的传统才让这家银行如此强大。

但是，社会逼迫他们做出改变，纵然富可敌国，也无法寿与天齐，银行家的衰老速度丝毫不比别人慢。公司的前三大合伙人中，查理·斯蒂尔已经去世了，如果剩下来的两巨头杰克或者拉蒙特去世，J.P.摩根公司的资本就会迅速流失，但如果及时改变，让他们持有的股份变为可以流通的股份，继承人就能既不削减银行资本，也能为自己变现股票。另外，市场也需要J.P.摩根公司做出变化，因为信托生意正在兴起，合伙人制度的公司是不允许经营这种业务的。

就这样，摩根财团身边笼罩的迷雾被拨开了，在公众的注视下，J.P.摩根公司最初有着些许的不适应，那些原来能够起到保护作用的条件尽数消失，这几乎是一个打击，因为J.P.摩根公司习惯屏蔽自己的信息，这样，其自身和客户、对手乃至整个国家，都会具备不同程度的信息不平衡，这种不平衡带来的优势，恰恰是吉诺斯、皮尔庞特他们熟悉和依赖的。

但此时，这种"绅士银行"传统将终结，无疑这是杰克在临去世前做出的妥协，这种妥协充满痛苦，但又是必不可少的。

当决定公之于众之后，剩下的事情就越来越快了。

1940年，J.P.摩根公司关闭了费城德雷克塞尔公司，把其存款都接管了下来，这家公司其实早就只有名字属于德雷克塞尔家族，就像皮尔庞特在听证会上所说的那样："它只是名字不同而已，在费城保留德雷克塞尔先生的名字，只是我个人的意愿。"

1941年，J.P.摩根公司和摩根士丹利银行也划清界限，后者为了拿到证券交易所会员资格，转而实行合伙人制度。

1942年，J.P.摩根公司发布了募股说明书，这家百年银行破天荒地把企业收益向社会公布，接受社会公众的了解和监督。这一年，J.P.摩根公司所有股票的8%向全社会出售，普通的散户投资者都能够购买其股票了，这简直就像曾经神秘森严的王宫，终于向公众打开了参观的大门。一时间，购买者接踵而至，谁都希望扮演一次"摩根股东"的角色，哪怕只是在心里过把瘾。

第九章 新希望（1934年—1943年）

政治上，J.P.摩根公司终于承认美国政府对联邦储备体系的控制，并将自己管理的7亿美元存款纳入了联邦存款保险中。

诸事被逐一安排好后，杰克感到心满意足，而且由于战争的进行，人们不再抨击摩根家族，反而赞赏他们力主抵抗和奋战的态度。1943年1月31日，杰克主持了J.P.摩根有限公司的第一次股东大会。"董事长"这个称呼他并不适应，但他很快也发现，就像元老莱芬韦尔所说的"他准备用厌恶心情对待的东西，原来也不那么可憎"。可惜的是，杰克没有享受多久这样的夕阳时光，就离开了他的家族和事业。

另一位摩根巨头拉蒙特也时日不多。1943年，他罹患心脏病，不能每天去华尔街23号上班。"二战"结束时，他的孙子托马斯·拉蒙特二世在太平洋海战中以身殉国，拉蒙特自然为之悲痛不已，随着时光流逝，他也坦然接受了现实。那时候他已经70多岁，正写着回忆录，记述自己在乡间度过的美好童年。

战争结束之后，拉蒙特也只是象征性地来银行工作很短的时间。他捐款给哈佛大学200万美元建造一座图书馆，然后又送出支票去修缮坎特伯雷大教堂。在经济状况不佳的1947年，拉蒙特自己掏钱为每个银行员工买了件圣诞礼物，价值是每个人全年工资的5%。

1948年2月3日，拉蒙特在佛罗里达州去世，董事长的位置由莱芬韦尔接替。在葬礼上，白色鲜花铺陈而出，人们缓缓朗诵着弥尔顿诗篇选段，送走了这位性格鲜明而功过相杂的伟大银行家。此时，能与杰克·摩根平起平坐的一代元老已然尽数凋零，在低沉而缓慢的朗诵中，人们仿佛听得见摩根家族面向旧时代发出的深情告别：再见，合伙人。再见，旧时代。

财团的余晖

毫无疑问,"二战"的爆发转移了国内关注摩根财团的视线,"二战"前后摩根财团的贷款也为他们带来了大量的战争利润。到1945年战争结束之后,摩根财团所能控制的企业资产依然在增长中,它依然是美国最大的财团之一。

然而,此时的摩根财团已经难和"一战"时相比,财团无法控制整个欧洲的军事采购和金融服务,从新兴的工业部门那里也不容易拿到动辄上亿美元的订单。彼时,虽然皮尔庞特故去,但杰克已经成熟,经历了十几年的锻炼,他已经足够独当一面,然而,当杰克去世,家族却没有相应成熟的继承人。尤其重要的是,整个美国社会的经济形态和思想观念都发生了变化,这使得家族对公司的影响犹如落日余晖,虽美丽动人,却好景不长。

珍珠港事件之后,美国宣布参战,杰克的两个儿子吉诺斯三世和亨利都加入了美国海军,这已经是吉诺斯三世第二次参加世界大战了,这次他担任驱逐舰军官,远赴英国作战。而亨利则担任军需部的海军上尉,为军队负责采购工作,后来被调动到战略服务委员会从事秘密工作。

1945年后,摩根家的两位继承者回到了银行界,但他们面对的已经不再是家族主导的合伙制公司了。亨利继续在摩根士丹利负责财务工作,此时,摩根士丹利不只是做证券业务,还参与企业的清算和出卖,在这个企业合并开始不断出现的时代,这项生意很有希望扩大。另外,摩根士丹利还负责提供金融咨询,包括长期的金融业务、企业买卖合并、联邦政府和州政府的金融服务等,其实这些业务和皮尔庞特在19世纪时的金融业务很相似,只是手续更为复杂。

相比而言,吉诺斯三世回去的J.P.摩根公司就不如往昔了。1944年,在新

第九章 新希望（1934年—1943年）

罕布什尔州建立起了著名的布雷顿森林体系，体系规定成立世界银行和国际货币基金组织，由美国政府主导的世界金融机构削弱了私人银行的地位，阻挡了战前由英格兰银行、纽约联邦储备银行和摩根财团的银行组成的"三驾马车"。另外，银行之间的竞争比起资本市场的不发达时期显得更加激烈。诸如商业银行、投资银行、保险公司、经纪公司等种类不断扩大，数量也在增加，华尔街的银行家们失去了过去独占鳌头的优势，落差最明显的就是类似J.P.摩根公司旗下的私人银行。

接任拉蒙特担任J.P.摩根公司董事长的是拉塞尔·莱芬韦尔，他曾经担任过民主党政府的财政部部长，也是杰克时代的重要合伙人。他具有知识分子气息，又非常机敏善变，巧于辞令。人们说，莱芬韦尔是J.P.摩根公司在两次世界大战中成长起来的杰出领导者中的最后一个，这批领导者有着不同于今日金融领袖的特点，他们只是合伙人，不需要应付什么公共事务，甚至不需要那么专业，他们可以保持自我生活和精神追求，可以读书、思考、介入公共事务和参与政治。但现在，莱芬韦尔发现自己对联邦政府的影响力大不如拉蒙特，更不能和皮尔庞特相比，杜鲁门政府的高官的确咨询过他一些问题，例如是否应该邀请苏联加入马歇尔计划，等等，但最后他的回答仅仅是纯粹建议而已，J.P.摩根公司并没有从中得到任何收益。

不仅如此，J.P.摩根公司还要想办法处理好战争带来的麻烦，因为战争，公司有大量的对外国政府债券无法兑现，包括1.97亿美元的日本债券、1.51亿美元的德国债券和2000万美元的奥地利债券。同时，战争结束后，J.P.摩根公司还需要贷款给英法两国帮助其重建，1950年J.P.摩根公司和大通国家银行共同贷款给法国2.25亿美元，几乎掏空了家底。

1950年，莱芬韦尔决定退休，他觉得自己的职位责任太重，而四处发表演讲和报告更对他的胃口。继续担任J.P.摩根公司董事长的是乔治·惠特尼，他表情沉着而有教养，讲话含蓄而简明扼要。他的兄长理查德·惠特尼因为违法交易，而在1938年成为美国第一个坐牢的证券交易所主席，成为罗斯福新政事实上的牺牲品。因此，惠特尼尤其注意自己和公司的诚实信用问题，为了以身作则，他甚至直接在柜台值班，和普通客户打交道。

1955年，J.P.摩根公司和摩根士丹利联合发行通用汽车公司的优惠股，以低于股市的价格向股东出售股票。J.P.摩根公司负责事务性的安排，惠特尼也照常参与了。当他值班时，有位女士前来行使购股权，她递过来一小叠钞票购买两股，价格应该是150美元，惠特尼不好意思当面数钱，只是礼貌地与她握手并开出收据。但女士离开之后，惠特尼才吃惊地发现，这笔钱是170美元，在场的每个员工都惊慌不已，直到查出女股东的姓名才松了口气，因为这样就能把她多付的钱和股票一起寄回去。

显然，惠特尼代表了财团的道德品质。J.P.摩根公司此时作为商业银行的地位迅速下降，它无法匹敌那些吸引平民零散存款的商业银行，规模下降到全国二三十名。但家族的荣誉感和精神没有中断和分裂，这个公司基本维持着700名员工的规模，保持着旧时代合伙人文化下的绅士风度。公司的规矩也很严格，通常都由惠特尼亲自对新职员加以考察雇用，招收那些有私立名校和常春藤联盟学校背景的人，进入公司的员工先从收发室的工作开始，然后进行轮岗升迁。与此同时，公司管理的方法又不拘于形式，每天上午十点半，公司最高级别的20名员工都可以围坐在一起，随意交换信息、讨论事务，让人们想到当年的合伙人事务会议。

对外，J.P.摩根公司很珍惜自己的形象，公司的车的车牌号码是G2323，电话号码是5-2323，都在表达对"华尔街23号"的历史传统的认可。J.P.摩根公司的高级员工们出门见客户时会戴上礼帽，并且不会随便脱外套，否则就有可能被看作影响公司形象而断送大好前程。J.P.摩根公司还给员工在华尔街最高的工资、良好的福利，以便保证公司对人才的吸引力。

但传统解决不了所有问题。J.P.摩根公司资本太少，没办法成为主要的

第九章　新希望（1934年—1943年）

商业银行，它应该考虑和其他银行合并。1953年，大通国家银行的董事长约翰·麦克洛伊向惠特尼询问是否能够合并，大通国家银行已经是全国第三大商业银行。贵族传统让惠特尼在讨论时依然十足有范儿，似乎反而是他的规模更大些。当惠特尼询问在合并之后谁来控制银行之后，麦克洛伊态度真诚，回答："如果分析结果表明应该是其他人来主导业务，我个人不反对靠边站。"惠特尼听了之后有所触动，但J.P.摩根公司的其他股东坚决反对，因为他们不希望摩根家族文化中加入任何"杂质"。

就这样，大通国家银行选择和曼哈顿银行合并，成为大通曼哈顿银行。相比不断成长的这些商业银行，J.P.摩根公司依然是华尔街上最美丽的那抹夕阳。

第十章
家族隐退
（1951年—1973年）

年轻的"继子"神话

J.P.摩根公司就像落日余晖,"继子"摩根士丹利却开创了年轻的神话。"二战"战后的20世纪50年代,美国工业进入黄金发展时期,欧洲、亚洲还未从战后恢复,美国垄断了全世界的汽车、钢铁、石油和其他重工业产品。摩根士丹利参与投资这些生意,并获得巨大的发展机会。

此时,哈罗德·士丹利已经退休,带领摩根士丹利抓住机会的是首席合伙人佩里·豪。他最初也在J.P.摩根公司的保险部门工作,1920年,公司遭遇爆炸袭击时他也在场,幸而逃过一劫。1925年,他成为摩根公司的债券经理,由于工作出色,1929年的大萧条时,杰克任命他担任费城德雷克塞尔公司合伙人。当摩根士丹利将要独立之时,他选择跟随士丹利和亨利出走成为"继子",对此他很是得意:"我们是精英中的精英,大家都妒忌我们。"

佩里口才出众,和许多公司的总裁都相互亲热地公开称兄道弟,这让他显得尤其特别。他还精通高尔夫球、网球、打猎和钓鱼,这一点与杰克更相似,通过这些,他许多老客户都保持着良好关系。

佩里讲究实用,摩根士丹利公司对人才如同J.P.摩根公司那样看重。但那时的投资银行业务不需要多少杰出的专业技巧,通货膨胀率很低而货币稳定,投资银行只需要找到客户签单,就能拿到很高的债券承销价格。所以,佩里要求那些从名牌大学毕业来的年轻职员抓住一件事情,那就是拉好关系并满足客户需要。他自己就融入客户的家庭,甚至应邀去劝说通用电气公司

第十章　家族隐退（1951年—1973年）

董事长的女儿，不要因为爱情而昏头嫁给一个不那么合适的人。对此，佩里宣扬说："我看重的就是那些能带来生意的人，其他的事情留给商学院实习生办，你做好了一笔交易，就可以戴帽子回家。"

这种实用主义理念，让佩里偶尔会感到亨利有些碍手碍脚，其他合伙人也对这唯一的"摩根"感到些许厌烦，他们觉得亨利年纪渐长，贡献不多却抓住了管理权。矛盾在1956年尤其突出，亨利坚决要求让儿子小亨利·摩根成为公司合伙人，否则就不允许公司使用"摩根"的名字，其他合伙人虽不讨厌小亨利，但他们认为小亨利和银行业很难融合。在一番谈判之后，双方妥协用"摩根"的名字权换取小亨利成为合伙人。

小亨利果然对银行业不感兴趣，他成了整个华尔街唯一担任办公室主任的合伙人。后来，当亨利打算让小儿子彼得成为合伙人时，引起了更大的反对声音，并最终未能通过，但这位彼得后来却反而有志于金融，进入了其他公司的融资部门。

亨利希望在摩根士丹利继续家族的传统，为此他以身示范，1960年是他从业25周年，像父亲、祖父和曾祖父一样，他为每个公司员工发放了奖金。亨利总是警告摩根士丹利公司的合伙人们，要求他们谨慎做事，在每年的联合俱乐部晚会上他一再强调：最难驾驶的船是合伙制的。

亨利个人始终在公司里有超过200万美元的股本，从而保证否决权在握。在其影响下，摩根士丹利保持了"雇用比合伙人更聪明的人"这一传统，公司从普通阶层中挑选聪明而有进取心、事业心的人，并将他们变成金融街新贵。亨利每年都访问哈佛商学院，向知名教授们了解最优异的学生，并且亲自在第一轮面试中考察求职者，贷款给自己看中的人，将他们培养成为合伙人。

由于亨利的影响，此时的摩根士丹利依然保持着鲜明的家族传统，他们从不做公开广告，也不宣传自己，而是有意识地低调，性格外向、能言善辩的总裁佩里也对此表示赞同："这就像医生一样不用做广告，做广告就会有些丢脸。"而那些超级企业客户，既然采取标准化形式发行证券，也就不会随便更换投资银行来承销，摩根士丹利的神秘尊贵成了这些企业看重并忠诚的东西。

到了20世纪60年代初，摩根士丹利的客户除了J.P.摩根公司的老客户之外，又发展了澳大利亚、加拿大、埃及、委内瑞拉和奥地利这些国家政府，以及世界上前25大企业中的15家。

"继子"神话也会有波折的剧情。到了20世纪60年代，虽然摩根士丹利依然勤勉地追求优秀，但毕竟时代开始有变化，在这家一流银行和它的世界顶尖客户之间，开始出现了裂痕。

裂痕首先来自市场变化。由于越南战争爆发，美国军费开支增加，国际收支恶化，黄金持有量不断下降，美国政府采取了多印货币的通货膨胀政策，让其他国家持有的大量美元随之贬值，从而为美国政府买单，这种政策的恶果带来了资金流动性的泛滥。同时，市场结构发生了变化，从前，市场中起决定作用的是使用资本的大公司，现在其领导地位被提供资本的机构所代替，这些新的资本提供者包括养老基金、保险基金等机构，它们需要对资金进行保值措施，而大的企业客户对大额证券的发行也提出了包销等全新要求。这样，摩根士丹利所坚持的绅士银行、关系银行等准则无法解决类似的问题。

竞争者的地位在迅速上升，所罗门兄弟银行和高盛银行因为和占纽约证券交易量四分之三的投资机构有良好关系，加上创新、灵活而充满活力的公司管理制度，打造出不断创新的金融业务，得以在市场上迅速崛起，并向原先最优秀的摩根士丹利发起挑战。反观摩根士丹利，他们所掌握的是和大公司的良好关系，对市场的了解并不深入，其资本金也很小，甚至不涉足具体的证券交易业务，由此，他们开始遭遇忠诚客户的"背叛"。

第十章 家族隐退（1951年—1973年）

摩根士丹利面对的是传统遭遇挑战的巨大压力，新环境让皮尔庞特时代的业务方式显得越来越不适应，只有通过积极变革自我，摩根士丹利才能适应新的环境。

摩根公司重整旗鼓

J.P.摩根公司的革新要比摩根士丹利更早，因为他们面临的压力要更大。从20世纪50年代开始，J.P.摩根公司就不得不面对自己落后于"继子"的现实，并着手想办法。

1955年，亨利·亚历山大接替了惠特尼董事长的职位。惠特尼的思想保守，源于他的东海岸贵族家庭传统，亚历山大则不同，他更多表现出南方人的随和态度和热情投入。他曾经在听证会上为杰克辩护，杰克看中他的能力，邀请他成为新的合伙人，类似当年吉诺斯面对皮博迪邀请的态度，亚历山大说："咱们一个月之后再谈。"最后他选择了J.P.摩根公司，而不是进入自己工作的戴维斯波尔克公司担任合伙人。

J.P.摩根公司重整旗鼓，是从对宽街15号的38层摩天大楼进行收购开始的。那时，大通曼哈顿银行为了维护自身利益，想要在华尔街以外盖一幢银行大厦，这需要先卖掉以前的大楼。理所当然，大通曼哈顿银行总裁泽肯多夫请来了亚历山大来商量这笔生意。

亚历山大对这邀请表现得有些冷淡，他说："我们不是房地产商，我们在街角的这块地盘很不错（指华尔街23号），我们在金融街作用并不一般，所以我们的规模不需要很大，但却有着很强的实力和影响力，我们有自己的关系网。所以我们不需要扩大规模，也不需要购买这块地方。"

但泽肯多夫笃定地说道："亨利，你马上会结婚的。"

"什么意思？"亚历山大不知所云。

"你看吧，总有一天，你的银行会和另一家银行合并。到那时候，现在这点财产就是新娘子的嫁妆，你能够靠这个和合伙人达成更好的交易。"泽肯多夫洋洋自得，觉得这个比喻很恰当。

亚历山大的脸严肃起来："摩根永远不和别人合并。"

泽肯多夫没想到弄巧成拙，只好讪讪说道："好吧，我只是预测一下。"

1960年，美联储开始拍卖一年期的国库券，这吸引了纽约摩根担保信托公司①（下称摩根担保公司）的财务主管拉尔夫·里奇，他在董事会上强烈建议参与竞标。当董事会询问具体价格时，里奇回答说，大约在8亿到10亿美元之间。亚历山大沉默了一会儿说道："这可能是以前J.P.摩根公司一年的业务量。"

就算家底不同以往，但这样的大宗交易亚历山大还是需要多考虑考虑。摩根家族的传统最终决定了他们敢于向政府的项目出手，很快，一个专门从事国库券交易的部门成立，由里奇负责领导并成功地获得了一年期国库券的承销权，为摩根担保公司赚到不少。1962年，新的一批国库券出售，数额在13亿美元，里奇带领的部门拿下了其中一半。

树大招风的情况再次发生了，政府又一次盯上摩根担保公司，财政部很快出台规定，每个投标企业最多只能购买每周出售的国库券的四分之一，不过，摩根担保公司的国库券业务还是相当惊人的，每天交易量都在10亿美元之上。

在国际市场上，亚历山大也不满足于目前的成就，他希望找到一条路子去

---

① 纽约摩根担保信托公司是1959年4月由J.P.摩根公司和纽约担保信托公司合并而成的。

第十章 家族隐退（1951年—1973年）

保证摩根担保公司在证券和储蓄两条战线上的业务。天遂人愿，美联储出台了一项新规定，允许美国企业可以在海外不遵守让摩根财团分裂的《格拉斯-斯蒂格尔法案》。于是，摩根担保公司控股下的摩根有限公司出现在法国巴黎协和广场4号，这家公司主要在欧洲从事证券承销业务。摩根担保公司本来邀请了摩根士丹利参与，但后者并不愿意涉足此项业务。摩根有限公司孤军奋战，很快为意大利高速公司发行了第一笔欧洲债券，取得了不错的成绩。

这样的成绩让摩根士丹利有所醒悟，他们看到了未来欧洲市场的空间，开始和摩根建富、摩根担保公司携起手来，与梵蒂冈银行在罗马共同组建了一家投资银行，这家银行同样取得了成功。

摩根担保公司对此局面感到高兴，但似乎"老摩根"公司的辉煌注定无法重现。新的政策再一次出台，美国证券交易委员会规定，所有与摩根相关的公司无法一边做纽约银行的受托方，一边又在巴黎为他们承销债券，这意味着再一次让这些"摩根"分开。

1967年1月，摩根担保公司决定，将巴黎的摩根有限公司中的三分之二股权卖给摩根士丹利，并将之改名为摩根国际公司。摩根士丹利拿到摩根国际公司后一直尽心尽力地运营，将其作为拓展海外市场的桥头堡，把公司的许多人才派到其中，并将大量的国际业务都打上了摩根国际公司的标签。到1975年，摩根国际公司每年发行的债券数额都高达50亿美元。

蛇吞象，吃掉纽约担保信托公司

20世纪50年代，摩根担保公司的名字看起来仿佛在不断缩小，其实这只是因为华尔街上的对手在不断壮大。纽约第一国家银行此时已经被城市国民银行所收购；大通国家银行和曼哈顿银行合并；纽约信托银行被纽约化学银行收购；制造商信托银行和汉诺威银行合并……纽约有三分之一的银行因为合并而消失，这样，新的大银行才能和更大的客户、更新的市场相互适应。

银行业有了新纪元，银行家们无法再保持原来那种高高在上的优势了，资金越来越多，让银行家反过来邀请别人贷款或购买服务。大通曼哈顿银行的广告口号是"大通曼哈顿有你的朋友"，其他新银行则从外观入手，把大理石走廊和高高的柜台换成柔软皮质的家具和敞亮的开放空间。业务上的区分则最明显，J.P.摩根公司依然只是看重批发业务，而它的竞争对手看重的是消费者的零星存款，吸引那些战后新生的中产阶层。

最终帮助J.P.摩根公司走出这一尴尬局面的还是亨利·亚历山大，他做出了合并的选择。许多摩根公司的合伙人直到此时依然反对任何合并，他们认定合并会破坏公司特色，同时也让他们的个人利益受损。好在亚历山大有着不一样的运气和才气，他准确选择了猎物，这个猎物就是纽约担保信托公司。这家公司有着充裕的资金，但却缺少人才，这和摩根财团的银行恰恰相反，同时，他们也有着很大的相似点：同样的悠久传统，同样有许多优秀的企业客户。

纽约担保信托公司的董事会主席卢瑟·克利夫兰，作风独裁，对员工傲慢专横，坚决反对建立分行或者开设小型支票账户。他的自命不凡导致整个银行董事会的反叛，董事会就此开始和亚历山大就合并问题进行会谈。

一开始，纽约担保信托公司的董事会建议，新银行名字叫纽约担保摩根银行，无论亚历山大有多希望合并，这样的建议当然不可能被接受。但福特汽车公司带来了好运，这家公司对纽约担保信托公司的养老金经营情况不满，就把资金转移到了J.P.摩根公司。面对重要的一击，纽约担保信托公司董事会几乎是含恨同意，将新银行名字定为纽约摩根担保公司。

第十章 家族隐退（1951年—1973年）

就这样，J.P.摩根公司接管了比自己规模大四倍的纽约担保信托公司，媒体将其称为"吞鱼的约拿"①。这笔交易的互补性近乎完美，纽约担保信托公司在铁路和公共事业上很有实力，J.P.摩根公司则是美国钢铁公司的主要贷款银行，并拥有肯尼科特钢业公司的股份，纽约担保信托公司的大客户则包括伯利恒钢铁公司，同时也拥有阿诺康达公司的股份。在地理上，J.P.摩根公司在美国东北部和西欧有很大的市场占有率，纽约担保信托公司则在美国南部和中东、东欧有广泛的市场。另外，美国运通公司、美国电话电报公司在纽约担保信托公司也有很多存款，J.P.摩根公司在这次合并中大有斩获。

合并之后，J.P.摩根公司的高层担任了摩根担保公司几乎全部的高管职位，亚历山大主持银行工作，J.P.摩根公司的主要合伙人汤米·拉蒙特和小亨利·戴维斯则成为副董事长。由于J.P.摩根总部需要翻修，J.P.摩根的高管就暂时搬到纽约担保信托公司在百老汇大街140号的办公室，这不仅没有让纽约担保信托公司原班人马感到气馁，反而让他们觉得大有希望。唯一的缺憾是伦敦的摩根建富银行感到了巨大的竞争压力，因为纽约担保信托公司伦敦分公司的规模很大。

1959年4月，在两家公司圆满完成合并程序之后，亚历山大召开了全体职员会议。他专门引用了J.P.摩根公司的座右铭来提醒所有人："我希望，除少数摩根人以外的每个人都知道，晋升途中，很重要的一个因素，就是如何很好地培养你的下属来接你的班。"这种强调密切协作的企业文化，始终要求把集体利益放在个人利益之上，以此确保摩根担保银行不会像其他某些银行那样形成派系斗争甚至最终分裂。

第二年4月，小吉诺斯·摩根三世在他位于北滩的宅邸邀请了800人共进午餐，以祝贺合并工作的顺利完成。这位杰克的大儿子的确不适合金融工

---

① 约拿，《圣经》记载的先知，曾经被大鱼吞下，在鱼腹中度过三天三夜。

作，他喜欢轮船和游艇，这些应该来自其童年时期在爷爷皮尔庞特的游艇中度过的欢乐的时光，他在银行工作，更多只是出于对家族的忠诚与荣誉感。这次午餐实际上成了吉诺斯三世和公司的告别宴会，六个月后，他在一次狩猎中突发疾病去世，享年68岁。

通过合并，摩根财团重回其世界最大的批发业务银行地位，存款额猛涨到40亿美元，综合规模则排在纽约第一国家银行、大通曼哈顿银行和美洲银行之后的第四位。另外，摩根担保公司所拥有的公司客户数量是最多的，美国最大的100家公司中就有97家公司在摩根担保公司开户。

合并带来的另一项显著变化就是摩根担保公司跨出国门。亚历山大认识到，美国经济的高速发展会迅速带来更多的与海外的贸易交流，随后，摩根担保公司在法兰克福、罗马和东京设立了分支机构，原来几乎已经停滞的国际业务也因此被重新激活。

与合并同时进行的是新摩根大楼建立，摩天大楼地址位于宽街15号，建筑风格和之前完全不同，以往的古老和神秘感完全消失。虽然要启用新的摩天大楼，华尔街23号楼依然保存，高层职员的办公室留在那里，公司领导也不打算拆掉这个标志性建筑物，而是任由其躲藏在其他高楼的阴影下。

重圆梦碎，百慕大会议无疾而终

摩根担保公司重整旗鼓之际，摩根士丹利终于发生了意在革新的"政变"，政变的发起者是罗伯特·鲍德温。

1961年，佩里从摩根士丹利首席合伙人位置上退休，鲍德温是他的得

第十章　家族隐退（1951年—1973年）

意门生，鲍德温没什么幽默感，为人相当沉闷，员工也不喜欢他。但鲍德温自有其敏锐的一面，他发现了摩根士丹利的致命点：机构庞大，管理效率不高；没有预算和规划，只依靠传统的记账方式；合伙人靠血缘、社会之类的人脉关系来取得成功，如利用打高尔夫球来拉客户等。

鲍德温看到，所罗门兄弟和高盛这样的对手在迅速成长，不顺应时代变化，摩根士丹利必将光辉不再。他试图进行改变，但却困难重重，于是他只好选择去华盛顿从政做海军部副部长，随后又去了其他公司任职，但最终还是回到了摩根士丹利。此时，20世纪70年代即将到来，老一辈合伙人不断退休，新人们开始接替老一辈合伙人的位置，对公司的改革可以开始了。

1970年，号称"无礼六人帮"的年轻合伙人们将鲍德温送上首席合伙人的位置。他开始带领公司迅速革新，以维持公司一流投资银行的地位。1971年，他在规划会议上领导通过了开发证券销售和交易的业务，老一辈合伙人原本看不起那些推销员、交易员，觉得他们都是为了业务到处推销的乌合之众，但鲍德温却大举吸收这些人才开拓市场，不再只是将相关业务批发给其他公司去销售。这样，摩根士丹利终于能够放下身段，将获取利润的触角伸向更深层面的市场，这正如鲍德温自己所说的："投资银行想要获取利润，就要不择手段。"

有意思的是，摩根士丹利开始宣布要招聘交易员，反而让许多人疑心重重，人们不相信这家银行会进行彻底转型。很快，摩根士丹利开始在纽约证券交易所派驻场内的交易员，并推行了基于个人业绩的报酬制度，刻意制造内部紧张竞争气氛来吸引交易员。

变革还发生在合伙人挑选制度上。以前，摩根财团的合伙人大都是受过良好教育的白种人，在摩根士丹利创建之后，这一点也保持下来了。但鲍德温主政之后，白人、年龄都不再是必需条件，1973年引入的合伙人伯纳德只有31岁，1975年引入的合伙人路易斯·门德斯则是古巴难民，鲍德温的"不择手段"站在皮尔庞特"唯才是举"的理念基础上,这种巧妙结合反而能走得更远,他打破了旧有约束,招徕更多一流人才,让摩根士丹利拥有更大的竞争能力。

当鲍德温忙于改革摩根士丹利的时候,更大层面的改革发生在摩根财团的内部。随着金融业竞争国际化,摩根担保公司、摩根士丹利开始明争暗斗,20世纪60年代末,摩根建富也开始进行国际化扩张,这就让情况变得微妙而复杂起来。

摩根建富之前并没有参加国际化竞争,这种情况被1967年出任总裁的约翰·史蒂文斯爵士结束,这位爵士的经历非同一般,"二战"期间,他深入意大利、希腊和法国等战区进行解放运动,他个人的冒险性格也促使摩根建富在其上任后开始在全世界各地开办分支机构,新客户都是在摩根担保公司存过款的美国公司,这些公司很少有人知道摩根建富的名号,但谁都清楚"摩根"两个字的分量。

摩根担保公司对此猝不及防,只好禁止摩根建富进入美国市场,摩根建富对此很不情愿。反之,摩根担保公司也在欧洲进行业务发展,毕竟没有法律禁止他们在那里从事证券、债券业务,再加上摩根士丹利又获得了在法国巴黎经营证券承销业务的公司的股份,整个摩根财团内部被搅得翻天覆地,大家不由得想到,既然如此,为什么不干脆把和摩根有关系的企业进行再次合并?反正在世界许多地方,人们都不清楚整个摩根财团的历史。

就这样,1973年6月20日,三家公司的成员来到百慕大岩洞湾饭店举行会议,这次会议的内容整整保密了十几年,当时只有公司级别最高的人才能知道会议详情。后来所透露的会议内容是,摩根担保公司和摩根士丹利各出资45%,摩根建富出资10%,成立一个叫作摩根国际的公司,这家公司将对三家企业在海外的证券业务进行整合。如果这次会议成功,那么三家公司相互争斗的历史会终结,大家又能拥有同一个光辉的名字。

这次会议最终失败了，一方面的原因在于摩根担保公司已经重新开始使用J.P.摩根公司的名义从事商业票据、大额定期存单和欧洲美元存款等不受当初《格拉斯–斯蒂格尔法案》束缚的业务，另一方面，政治原因也使得合并很难进行——受到英美两国政策影响，摩根建富的业务能够向"铁幕"即社会主义国家进行，但作为美国企业的摩根担保公司和摩根士丹利则不可能做到这一点。

最重要的是，摩根建富的员工们不可能接受被合并的命运，他们认为自己能够进入英联邦国家，所以在合资中应该担任重要角色；但摩根担保公司又看不上摩根士丹利在改革之后的那种"不择手段"，更何况摩根士丹利低级合伙人比摩根担保公司董事长挣到的都多；摩根士丹利想要摩根担保公司的资金，但掌权的鲍德温认为不需要大力拓展国外业务。

在这样的巨大分歧下，百慕大会议只能变成一场美梦。此后，三家公司正式斩断了相互间的联系纽带，并逐渐变成竞争对手。

第十一章
变革年代
（1973年—1989年）

兼并之王摩根士丹利

时间进入20世纪70年代,鲍德温将摩根士丹利的绅士银行法则摧毁无遗,这家公司正变成典型的资本大鳄,吃掉谁或者不吃掉谁,都只取决于自己发展的需要。虽然杰克的儿子亨利还坚守在这里,但在1970年时他已经跟随公司改革变成了有限责任的合伙人,失去了原有的一票否决权。

摩根士丹利之所以做出这种转变,很大程度上源于客户首先开始的"背叛"。摩根士丹利有一大批忠诚的客户,虽然所罗门兄弟、高盛这些竞争对手在不断"挖墙脚",但流失的速度并不太快,摩根士丹利也没有感受到什么大的威胁。但到20世纪70年代之后,鲍德温发现,成熟的公司已经能够自行出售商业票据或者向机构投资者私募资金,例如,20世纪70年代,德士古石油公司、埃克森美孚公司和万国收割机公司等客户开始直接向机构投资者发债;而资金充裕的公司比如福特公司、通用电气公司能够利用红利再投资或者雇员入股计划来筹集资金,甚至自己就能够扮演类似银行的角色;埃克森美孚公司甚至搞起了"拍卖"式的竞争游戏,让几家财团竞争来参与到公司的融资中……如果都这样干,那摩根士丹利将来还能经营什么业务呢?

虽然有所改革,但鲍德温也没有预料到这一点:在资金短缺的旧时代中,企业当然都希望和神秘、威严和传统的摩根财团保持良好关系,但在资金充沛的时代中,融资方式有很多种,新的金融中介也有很多种,客户没有必要只和摩根士丹利这一家银行保持联系。

第十一章 变革年代（1973年—1989年）

1979年，IBM（国际商业机器公司）的背叛真正敲响了警钟。IBM一直是摩根士丹利的老客户，非常遵守规则，这一年他们为了研制新一代计算机需要发行10亿美元债券，但却破天荒地提出了要求：摩根士丹利应该接受由所罗门兄弟公司领导的银行团来承销这笔业务。放在以前，这是不可想象的，摩根士丹利根本不会参加由其他公司领导的承销业务，曾经有日本公司不知道"规矩"，先冒冒失失地跑去和别的公司谈，再来找摩根士丹利，结果吃了个闭门羹。但今非昔比，摩根士丹利面对的是世界上最大的公司，进行着历史上最大的工业贷款。

内部的激烈争辩就此开始，许多人表示要维护公司的传统，鲍德温表现也很强硬，他觉得不能打开破例的口子。但IBM的回复也同样坚硬，他们说不管摩根士丹利参不参加，融资依然由所罗门兄弟公司牵头。这让摩根士丹利根本没办法下台。

随后不久，事情就发展得如同竞争对手评论的那样："一旦摩根财团的一个客户开始对其他公司开放了，其他客户很快也会开放了，这只是时间问题了。"摩根士丹利不得不放下架子，开始和其他公司共同承担通用电气公司、杜邦公司和坦尼可公司的证券发行。另外，摩根士丹利公司改变了对新客户的态度，以前他们不允许新公司挂自己的牌子，也不经营新公司原始股公开发行业务，但现在为了打击IBM，摩根士丹利主动把苹果计算机公司带入了股票市场，后来这家公司发生的一切说明了其决策的明智。

现实迫使摩根士丹利去开辟他们的第二战场，从所罗门兄弟、高盛这些对手尚未涉足的领域来反攻，于是，收购兼并业务为主导的政策很快被确立了。

摩根士丹利对收购兼并业务并不陌生，但之前没有将其作为主要业务。虽然参与过多起兼并收购案，但为了维护客户利益，摩根士丹利只是充当幕后角色。例如，在美国七姐妹石油公司中，有六家都是摩根士丹利的客户，如果摩根士丹利公开帮助一家公司收购其他公司，就会导致其他客户关系的恶化。当时，摩根士丹利感觉，兼并收购业务不过是顺便提供给客户的，公司只是从中拿一些小费罢了。

但此时已经顾不得那么多了，既然客户们自己做证券承销的主宰者，摩根士丹利决定和客户们抢生意，他们要挖掘最后的金矿。为了让兼并业务更加有利可图，摩根士丹利设计了一套收费价目，标准是根据兼并收购业务涉及的金额来进行不同比例的收费。为做好兼并业务，由格里希尔主持的兼并收购部门成立了，这个部门很快从4个人增加到50个人。格里希尔是个狠角色，为了拿到更多的利润，他就像狩猎者一样不断在寻找并促成大额的兼并业务。

在格里希尔和他领导的兼并收购部门影响下，摩根士丹利作为证券承销商的稳健消失了，它进入了二次创业期。员工们接到业务之后会一连工作几周，每周工作满90个小时，周末的时候带着寻呼机随时待命，从事外界的社交和政治活动要先行报告，总之，这里的工作节奏非常快。

在格里希尔的冲锋陷阵下，摩根士丹利进行了第一次敌意收购行动，他们为英科公司用股票操纵收购了蓄电池公司——当时世界上最大的电池制造商。鲍德温一开始并不愿意从事这种敌意收购行为，整个董事会也不愿意背叛150年来始终遵守的绅士银行家法则，但格里希尔说服了他们，他提出摩根士丹利需要在革新的基础上继续发扬新的革新风气，那就是勇敢竞争、积极进取，要知道，敌意收购已经是整个华尔街浪潮中无法避免的趋势，即使摩根士丹利不那样做，其他公司也会做，市场竞争就是残酷的。

董事会同意了，为了给自己台阶下，公司对外界表示，自己将要做的是为英科公司履行义务，是继续遵循摩根士丹利为忠实客户服务的老传统。为了让事情更加顺手，摩根士丹利还新选择了一家法律事务所，新的法律事务所是早就开始经营敌意兼并业务的事务所，并非之前一直合作的法律事务

第十一章 变革年代（1973年—1989年）

所，后来，这家新法律事务所成为摩根士丹利重要的兼并业务工具。

万事俱备之后，英科公司向蓄电池公司发出通知，自己将要用每股28美元价格收购其股份，价格远远高于其市场价格。随后，为了防止蓄电池公司寻求"白衣骑士"①的帮助，英科公司在格里希尔的帮助下，将股价抬高到41美元。最终，敌意收购大功告成。

这次敌意收购的胜利改变了摩根士丹利，也震撼了华尔街。随后，更多并购也得以完成，1979年，摩根士丹利为贝尔利基石油公司向壳牌石油公司出售提供咨询服务，并完成了兼并；1982年，美萨石油公司的总裁布恩·皮肯斯聘请摩根士丹利控制GNB公司的股份，摩根士丹利顺利完成任务；1984年，摩根士丹利又帮助加利福尼亚标准石油公司收购了海湾石油公司，从中他们拿到了1650万美元的利润。

为了现实的发展，摩根士丹利公司必须背叛原则。既然如此，其他投资银行就更没有什么好顾虑的了。就这样，兼并者四处出击，华尔街向全世界展示出充满了劫掠和秘密的并购丛林。

垃圾债券

格里希尔和他的继任者们不断努力，将摩根士丹利推上了并购业界主宰者的地位，这一地位在1984—1987年间达到巅峰。四年中，摩根士丹利总共参与了价值高达2380亿美元的兼并收购交易，公众无法相信一家公司就能满

---

① 公司在遭到敌意收购袭击的时候，主动寻找第三方即所谓的"白衣骑士"来与袭击者争购，造成第三方与袭击者竞价收购目标公司股份的局面。

足兼并市场如此大的需求。

可是，有得必有失，兼并业务被炒得火热，债券承销业务却日渐式微。

1982年，鲍德温依然是摩根士丹利的首席合伙人，其手下债券承销部门的负责人是托马斯·桑德斯三世，他每天清晨都要在外面跑步锻炼，但3月16日这一天，运动服里装的轻便式收音机传来的消息，让他猛然停下了脚步。

消息是这样的："美国证券交易委员会于今日公布415号条款。该条款规定，从今日开始，凡符合条件的公司，均可为其今后两年内所有可预期进行的证券发行，预先到证券交易所委员会办理名为暂搁注册的手续，同时自主决定证券发行的具体时机。"

如此简短的消息犹如给桑德斯当头一棒。他郁闷地停下脚步，失神地想了一会儿，立刻转身向家中跑去。

第二天，当桑德斯三世来到办公室的时候，神色气急败坏，他向表情不安的人们说道："等等，伙计们，这简直是不可思议。"然后，他又抄起电话，告诉华尔街的许多人："我的上帝，这简直是疯了。"很快，桑德斯三世向证券交易委员会当面提交一份抗议书，在抗议书中，摩根士丹利公司正式申诉："这条规则可能会对筹资过程产生根本性的影响……同时造成意想不到的后果。"

后果出现了，摩根士丹利的客户中，有28家属于美国"百大公司"榜单中的成员，这些公司无一不赞成415号条款，其中埃克森美孚公司、美国钢铁公司和杜邦公司甚至同时写信给证券交易委员会呐喊助威，表示支持。415号条款为他们正式松绑，他们以后不需要找摩根士丹利进行债券上市，而是可以进行"承购交易"，这种交易主要由一家或者一组公司直接买下所有的债券，对企业来说，这样更加简单直接，显然会受到欢迎。

就这样，从1953年到1981年始终都是企业债券第一号承销商的摩根士丹利，因为415号条款的出台，骤然下降到了投行中的第六名，以"承购交易"

第十一章　变革年代（1973年—1989年）

为主要业务的所罗门兄弟公司取代了其第一名的位置。当然，摩根士丹利没有伤筋动骨，它在股票承销业务上依然是第一名，但从总体来看其排名毕竟下降了，失去了原有的那份荣耀感。

幸好鲍德温不用面对这些问题，他已经老了，在年轻人眼中他总是在回忆当年。1983年下半年，他正式退休，公司一时没有了继承人，一系列的平衡之后，49岁的耶鲁大学毕业生帕克·吉尔伯特成为首席合伙人，他是20世纪30年代J.P.摩根公司合伙人的儿子，也是摩根士丹利联合创始人哈罗德·斯坦利的继子。他长袖善舞，有着出色的人格魅力，以他为中心，公司重新产生了凝聚力。最重要的是，摩根士丹利还发现了新盈利点——垃圾债券①。

垃圾债券产生于20世纪80年代的并购浪潮，企业并购热情高涨，加上投资银行的推波助澜，很多中小企业不愿被并购，往往主动增加负债来对抗，它们大多选择从银行获取贷款或者发行低质量债券来解决问题。虽然它们逃避了被并购的命运，但这些企业的总体财务状况反而恶化，垃圾债券悄然爬到企业背上，成为它们的负担。

摩根士丹利有着灵敏的嗅觉去发现其中的机会，并借以突破自我。他们认定，发行债券本来就是摩根士丹利的老本行——即使发行的是垃圾债券。

更现实的问题是，在那时的市场中，公司兼并浪潮席卷过头，能被兼并的企业大都被兼并了，兼并部门的75个人甚至带着地图一家公司、一家公司地跑，上门向潜在客户推销并购方案。与此同时，垃圾债券名声虽然不好听，但发行起来却有着高收益，犹如好吃的臭豆腐，再加上垃圾债券背后有不少小型的新公司，他们潜在的并购需求犹如广袤的没有竞争对手的原始森林——摩根士丹利先是为那些小型公司发行垃圾债券，筹集到充分资金，从中拿到高额的承销利润。接下来，等小型公司拿到了充分资金之后，摩根士

---

① 垃圾债券又称劣等债券、高风险债券，指信用评级甚低的企业发行的债券。

丹利又能够站出来，为他们策划敌意收购。

整个流程都在摩根士丹利的掌控中。就这样，摩根士丹利再次革新，小公司们在他们的支持下走上了前台，以小吃大的敌意收购也变得正常了。华尔街再次发生了变化。

在垃圾债券之外，摩根士丹利还掌握了杠杆收购这一利器。杠杆收购能够通过先借钱的方式将目标公司购买下来，然后用公司的资产进行抵押贷款，将贷款用于偿还借款，公司可通过公开发行股票或者直接出售优质资产来偿还贷款。

摩根士丹利从1985年开始这一项业务，这项业务带来的投资回报率非常高，这让公司胃口大开。杠杆收购项目实行有限合伙制度，摩根士丹利投入其中的初始资金只有1000万美元，这对他们来说是小菜一碟，但成功之后带来的则是杠杆能够撬动的"最大值"。

随后的3年内，杠杆收购为公司带来了1.4亿美元的收益。不过，这种业务名声很差，因为被杠杆收购的公司必须名声上佳、经营良好，这样，才能"带红"收购者自己发行的垃圾债券，让投资者相信购买这样的债券是有利可图的。而杠杆收购为的是挣钱而不是经营好公司，收购了目标公司之后只是为了更好地卖出，于是大量原本能发展起来的好公司被就此被毁灭，这一项目也被形容成海盗般的业务。

在摩根士丹利的带动下，杠杆基金在许多银行的业务中大行其道，随后的20年内始终繁荣。在2009年信贷危机的蔓延下，许多杠杆基金因为收购太多公司而负债累累，最终倒闭。但在当时，杠杆基金让华尔街重新控制了实业。

第十一章　变革年代（1973年—1989年）

摩根建富烟消云散

不断打破规则的革新，为摩根士丹利带来超级丰厚的利润，这让远在伦敦的摩根建富看在眼里、急在心中。直到20世纪80年代，摩根建富的外在依然保持着150年传下来的传统，他们不在门口悬挂公司的牌子，只在大厅中悬挂古老的铜质徽章，并用内部的装饰来体现对银行历史的敬意。

表面的平静之下内有玄机，早在20年之前，他们就开始了对传统的挑战，然而挑战本身却缺乏规划性，公司过分依赖合伙人开会商议的习惯，缺少真正的计划或者专题会议，无法对公司每一次大发展进行战略性的规划。再加上摩根建富没有出现亚历山大或者鲍德温这样的帅才，同样是对传统的反叛和对自身的革新，摩根担保公司和摩根士丹利因为有优秀的领导者，才能够统一步调，但摩根建富表现得更像是即兴而为，虽然他们面对机会也取得了一些成功，但这些成功之间缺乏关联性，导致公司的进步过程难以连接起来。

数字上的成就也掩盖了这些问题，摩根建富管理英国女王的财产，还精于国际性的投资组合，经过多年的发展，摩根建富所管理的资产高达250亿美元。要知道，此时摩根士丹利虽然是美国投资银行中的佼佼者，也只经营110亿美元而已。此外，摩根建富还在项目融资和贸易上做出了成绩，它能够在多个能源项目上进行融资，其中最出色的业务属于兼并部门，该部门有120个人，创造了公司一半的税前利润，在1986年带来了价值140亿英镑的交易。

这些都掩盖了摩根建富面临的隐忧，他们缺乏全球性的视野，没有像摩根士丹利那样及早进入国际兼并领域，也没有像摩根担保公司那样和中东、拉美等国家政府进行交易。摩根建富只是在封闭的伦敦金融区内，主要从事英国和欧洲背景的业务，在其他大部分公司都已经进行全球化贸易的背景下，这相当危险。

1986年10月，撒切尔政府为了保住伦敦金融中心的位置，决定让伦敦本地的银行面对全球财团的竞争。通过打开国门，外国公司可以进入伦敦金融区。当时，伦敦的银行发现，许多美国商业银行蜂拥而入，就在他们的卧榻之侧开始了投资银行业务，美国人都希望有朝一日《格拉斯-斯蒂格尔法案》能被撤销，这些海外业务可以整体转回美国。

和摩根士丹利曾经面临的情况一样，英国实业公司的财务主管们突然发现，自己面临的融资选择多了很多，他们为此感到欣欣鼓舞，因此果断地甩掉了对单一银行的依赖。此外，公司的合并情况也变多了。可惜的是，当这种外部冲击来临的时候，摩根建富还是犹豫不决，年轻董事们希望能够采取大胆冒险的行动来迎接挑战，但传统董事们则不愿意引入他们不熟悉的新业务，就这样，最宝贵的时机丧失了。

摩根建富错过了应对大冲击的时间窗口之后，银行又陷入证券营销的丑闻中。12月，英国贸易和工业部对摩根建富公司总部和他们的客户——吉尼斯公司进行调查，在最初的调查后，摩根建富宣布不再为吉尼斯公司融资，并且解雇了相关的工作人员。但媒体的舆论并没有平息，由于丑闻中内幕交易的因素在不断发酵，从政府到公众都在要求彻底调查，撒切尔夫人的顾问约翰·维克汉姆说出了形象的词语："我们必须马上将他们铐起来。"不久之后，"铁娘子"终于出手，遵照她做出的指示，和丑闻相关的两名摩根建富的董事在当天就离开了公司。

无休止的新调查开始了，摩根建富的麻烦越来越多。1987年5月，又有银行高管因被控损毁和伪造吉尼斯公司的相关文件而被捕，然后是另外几名高管的被捕……不过，在一系列的打击中，1987年摩根建富依然保住了兼并业务的第二名，其客户和雇员都没有大量流失。

随后几年，摩根建富力求能够打一个翻身仗，但多年以来这家公司只是看重兼并带来的短期利润，并不重视政府债券和企业证券业务，问题的积重难返让他们无法摆脱梦魇。

1988年12月6日，摩根建富宣布关闭证券业务，辞退了450人，占总员工四分之一左右。第二年3月，公司宣布前一年亏损，这在吉诺斯·摩根创建公司以来，还是第一次。

现代世界终归要驱逐那些不愿意与时俱进的成员，被迫去掉了证券业务，摩根建富又无法成为一个国际投资银行。这家公司自己很快就成了被兼并的对象。1990年，德意志银行收购了摩根建富，摩根建富获得了超过账面价值一倍的14亿美元的出价。

至此，摩根建富公司烟消云散，整个公司成了德意志银行下属的投资银行业务分部，从此以德意志银行摩根建富的名义经营活动。

拯救大陆银行

20世纪60年代末期，摩根担保公司成立了自己的银行持股公司——J.P.摩根股份有限公司，他们再次用上了这个曾经主宰时代的名字。J.P.摩根股份有限公司日渐成为其重要的支柱，在海外的营业活动中，J.P.摩根股份有限公司为整个摩根担保公司带来了一半利润。

通过这家公司，摩根担保公司成了所谓的"MBA"银行，这三个字母分别代表了墨西哥、巴西和阿根廷，向墨西哥提供了12亿美元贷款，向巴西提供18亿美元贷款，向阿根廷提供了7.5亿美元的贷款。这家华尔街原本最保守的银行，也开始依靠风险更大的贷款获取利润。遗憾的是，巴西的贷款最后演变成债务危机，1989年，摩根担保公司总共增加了20亿美元的坏账准备金应对损失，这次失败也证明，即使是摩根担保公司也并非永远不败。

由于贷款的风险性，从20世纪80年代开始，摩根担保公司就放弃了批发贷款业务，转而进入全球投资银行业务。随着市场和自身的变化，J.P.摩根股份有限公司建立了新的生意原则，它每天在货币市场上能够调动数十亿美元，不需要依赖存贷利差和存款业务。J.P.摩根股份有限公司没有设立零售业务分行，并完全放弃了批发贷款业务，这家公司从投资银行业务费与交易收入中获得了更多利润，在欧洲债券业务上，它们的名次迅速上升到第二位，并加快发展黄金、外汇和金融期货买卖的相关业务。

这种选择让它和摩根士丹利、摩根建富产生了必然的竞争关系，1981年和1982年，摩根担保公司陆续出售了在摩根建富中的33%股份，摩根财团相互之间最后的联系消失了。对此，并没有什么人感到难过，摩根担保公司的董事长普雷斯顿说："英格兰银行希望我们能够分担每笔亏损的三分之一，但这里的管理部门在不断演变，我们根本不认识经营这个公司的人。"

这位刘易斯·普雷斯顿是摩根担保公司的新董事长，20世纪50年代他进入公司，从邮件收发室开始努力工作，他崇尚摩根家族的传统，在办公室中悬挂着皮尔庞特和杰克走进听证会会场的照片。在工作习惯上，他依然按照摩根家族规矩，每周和各个部门负责人开会，并建议高级管理人员能够在餐厅一起共进午餐，这一点正如他说的"银行保守一点不是坏事"。

普雷斯顿所领导的最重要项目，是摩根担保公司对美国大陆银行的救援。这家银行位于芝加哥，曾经被称为"中西部的摩根"，在20世纪80年代初，他们还和摩根担保公司竞争。为此，美国大陆银行走了险棋，他们每天从货币市场上筹集80亿美元，利用美国联邦基金利率并出卖大额定期存单，从中获取利润,但他们需要为每天的借款支付高额利息,其本身所获得的存款也并不稳定,主要来自海外和本国机构的大量热钱,这些热钱随时都可能被抽走。

1982年7月,由于一家小银行的倒闭,导致美国大陆银行的大额定期存单大面积抛售,从日本到欧洲,美国大陆银行的挤兑迅速发生了。这种挤兑被现代化包装成了不同的景象——人们看不到存款户的蜂拥排队,只看到电脑屏幕上不断跳动的数字。

美国大陆银行将求援信息发给了摩根担保公司,这让许多人想到了1907年时皮尔庞特的形象。美国大陆银行是不得已的,他们认为摩根担保公司和自己的业务最接近,融资方式也最相似。普雷斯顿很快答应了对方的请求,他和高管们用最原始的方法进行求援,给不同银行打电话,然后让保安人员找到该银行的董事长。不少银行高管在为提供给美国大陆银行的信贷份额讨价还价,但最终他们都了解到,如果放任美国大陆银行的危机发展,全世界投资者的恐慌就会带来更大风险的事件。

普雷斯顿的电话说服迅速而有力,在周一清晨之前,不少银行都同意了参与救援。但是,美国大陆银行面临风险的存款规模共有360亿美元,私人银行的救援只是杯水车薪。最后,在联邦存款保险公司的协调下,美国大陆银行归于国有,政府掌握了其80%的股份。这次政府的出手,无疑打造出了新的局面,储蓄客户们相信大银行不会倒闭,他们开始绕开小银行,直接在大银行中存款。

虽然摩根担保公司没有在拯救行动中获得利益,但兔死狐悲的心情让他们进一步明确了方向。现在他们看到,商业银行如果坚持将贷款业务作为核心,会遇到一堆问题,包括各种高风险的信托业务、面临主权违约和债务违约的拉美贷款等。这些问题是当年的《格拉斯-斯蒂格尔法案》始料未及的,那时,法案希望保护商业银行不要在证券业中陷入风险,但结果表明证券业发展得如火如荼，商业银行却处在不断的风险旋涡中。由此，摩根担保公司明确了自己发展的战略方向，那就是在海外继续扩大投资银行的业务，等待有朝一日能够重回美国投行业界。

1988年，J.P.摩根公司正式成为J.P.摩根股份有限公司和摩根担保公司业务经营的统一名称。

第十二章
逃出生天
（1990年—2006年）

"互联网皇后",诞生在泡沫中

1986年,摩根士丹利对资金的需要越来越紧迫,杠杆收购业务需要大量的资金作为支撑,而高盛这样的竞争对手也在虎视眈眈,加上摩根担保公司海外投行业务的发展,有可能促使政府废除《格拉斯–斯蒂格尔法案》,未来竞争者会更多。于是,摩根士丹利和合伙人制度正式说再见,他们在纽约证券交易所挂牌上市,向公众开放发售了20%的股份。

上市决定恰逢其时,1987年10月19日,美国道琼斯工业指数平均下跌508点,"黑色星期一"让美国政府对投行包销股票的现状很不满,随之而来的是废除《格拉斯–斯蒂格尔法案》的呼声。虽然这一法案并没有被马上废除,但J.P.摩根公司在1989年10月成为发行公司债券的第一家美国商业银行,美联储宣布给予商业银行这样的权利,这也可以看作J.P.摩根公司重返投行业务的信号。

这样的信号逼迫摩根士丹利要尽快找到应对之策,他们开发出了诸多新的金融衍生品,同时还出人意料地去开发能源领域,从中攫取更多利润。这样的背景下,"互联网皇后"的神话诞生了。

"互联网皇后"叫玛丽·米克尔,1991年,她正式进入摩根士丹利公司担任网络行业分析师。三年内,她业绩平平,甚至因为对八家网络公司股票进行了错误的推荐,还差点被公司炒了鱿鱼。

到了1994年,一切都变得不同。这一年,雅虎搜索引擎诞生,随后,网

第十二章 逃出生天（1990年—2006年）

景通信公司发布了浏览器，这两件大事都是互联网划时代的标志性事件。一直在关注该行业的米克尔迅速捕捉到了行业的机会，她向投资者一口气推荐了亚马逊、美国在线、戴尔、eBay等十余种互联网背景股票。随后几年中，这些股票疯狂上涨，最高的涨到了上百倍，米克尔因此变得炙手可热。

真正奠定了其"皇后"之位的是网景通信公司的上市项目。这支科技股的上市开辟了投资史上的先河——公司可以没有收入和利润，但只要能够拿出具有说服力和吸引力的商业盈利模式，也一样能够获得投资者的喜爱和追捧。在网景通信公司上市之后，米克尔于1995年乘胜追击，和同事推出了《互联网趋势》。这本研究报告中充满了果断的推荐和预言，她指出，互联网使用者将会在未来迅速增加，构造出庞大的新行业。这本报告一举奠定了互联网公司在投资界的形象。当英特尔公司总裁安迪·葛洛夫在飞机上读完报告以后，也深受感染，他下飞机之后就决定，必须尽快将英特尔公司带入网络时代。

一代"互联网皇后"就此诞生，高科技公司的董事长蜂拥而至，要求米克尔帮他们把公司包装上市，摩根士丹利也将这个差点被开除的员工看作宝贝，用她的名气来拼命吸引客户的目光。

最火热的时候，摩根士丹利公司的总机每天要转接米克尔的上千个电话，每个电话的背后都有一个想要让企业上市和创造个人财富的人。在公司内部，也有许多部门的同事在找米克尔，希望她能够帮助部门的客户做推荐上市或投资建议，还有些人纯粹只是她的"粉丝"，来瞻仰其神威而已。

1999年，"互联网皇后"的神话达到巅峰，《华尔街日报》吹捧她是和格林斯潘、巴菲特并列的市场三大推动力。米克尔也因此超负荷工作，一周工作上百个小时，这种劳动也是值得的，摩根士丹利为她开出1500万美元的年薪。

但泡沫终究会破灭，在每一次市场冲动带来的疯狂终结后，总会有接手者被退散的大浪席卷而走,神话背后隐藏着高得离奇的股票市盈率成了埋藏在互联网企业火热上市图景中的定时炸弹。

2000年3月10日之后,纳斯达克指数一路狂跌,互联网泡沫迅速破碎,亚马逊、雅虎等公司股票的市值下跌了将近90%,米克尔开始受到指责和诉讼,并且遭遇了信任危机。但摩根士丹利一直在支持她,首席执行官菲利普·博塞尔宣称:"我们对米克尔的贡献有非常不同的看法,她是互联网产业分析的先驱,我们很重视她的研究。"米克尔因此也知耻而后勇,在2004年8月,她重整旗鼓,又凭借自己和谷歌创始人的良好关系,给摩根士丹利带来了价值17亿美元的谷歌首次公开招股承销业务。

此后,米克尔一度担任摩根士丹利的总经理,并在2011年彻底改变自己的职业生涯,从分析师变身为投资者,成为KPCB(凯鹏华盈)风险基金的合伙人。她和她的互联网泡沫故事,为摩根士丹利20世纪90年代的发展添加了别具个性的一笔。

改名摩根士丹利·添惠·发现

在经历并购狂潮、杠杆收购、金融衍生品和互联网业务后,摩根士丹利如同航行于貌似平静的海面上的海盗,一旦发现目标就会凶猛地扑上去,这种勇于冒险的好斗性格,加上对人才与团队的重视,让摩根士丹利在上市之后业绩不断增长。即使在股灾之年的1987年,摩根士丹利仍有大额盈利。

1989年,摩根士丹利的6400名员工有了"新家"。新公司位于第六大道埃克森大楼中,整整占据了17层楼面。在30层的接待处,还有一幅杰克·摩根的画像保留着，提醒人们这里依然保持着摩根家族的传统。除此之外，摩根士丹利在家族的基础上走得相当之远，到1992年，公司利润高达5.105亿美元，刷新了他们的历史纪录。

1997年2月5日，摩根士丹利和华尔街一家并不太出名的零售经纪商添惠·发现进行合并，新公司被称为"摩根士丹利添惠·发现有限公司"。

为什么要和这样的小公司合并？人们发出了好奇的询问。长期以来，摩根士丹利只和大客户交往，这是在皮尔庞特之前就定下来的传统，添惠·发现是不折不扣的零售商，他们面对的是使用1000美元账户的小人物，放在以前，两家公司宛若天上地下——一个重视大客户、战略；另一个重视小生意、战术。

背后的理由很现实，摩根士丹利是个上市公司，高管们手握大量股票，希望股票价格能够不断上涨。1993年3月，摩根士丹利宣布，麦晋桁成为新的总裁，这位后来绰号叫"刀锋"的领导者发现，摩根士丹利的业绩增长虽然平稳，但缺少能够让高管和股东满意的"亮点"。在J.P.摩根公司的不断号召和建议下，美国监管部门再次放松了对商业银行和投资银行在业务上的隔离，摩根士丹利的扩张计划顺利浮出水面。

一开始，摩根士丹利看中的是SG沃伯格，要是能和这家古老的英国投资银行合并，世界最大的超级投资银行就会诞生，可惜，SG沃伯格银行要价太高，交易告吹。既然吃不了"大鱼"，摩根士丹利自然将目光转向"小鱼"，他们发现，想要进入共同基金行业，需要与一家具有直接销售渠道的零售经纪公司合作，这样的经纪公司能直接提供购买各种金融产品的客户群。

添惠·发现被选中了。添惠·发现原本是全美国第五大经纪公司，在中西部和西部各州的市中心都设有规模不小的分公司，一直以来，添惠·发现主要的产品是名为"发现卡"的特殊信用卡，他们有着4000万的持卡用户，这个数字是最让人心动的，而他们和摩根士丹利也不是第一次合作了。1993年，添惠·发现的董事会主席裴熙亮选择摩根士丹利作为企业公开上市的证券包销商，正是这次交易让摩根士丹利的高管们全面了解了对方，裴熙亮给他们留下的印象也很不错，摩根士丹利的董事们认为他这个人聪明而低调，看起来像是能够与摩根家族文化很好融合的人。于是，摩根士丹利发出了合并的邀请。

理论上来说，这次合并相当完美，摩根士丹利能够开发出不同的金融产品，但他们缺乏产品销售的环节；添惠·发现有着强大的分销体系，但他们需要上游金融产品生产和研究的支持。但外界也有质疑者，著名的麦肯锡咨询公司给出的评估结果说："公司合并只能带来12%业务总收入的增长……换句话说，还是不合并的好。"但麦晋桁热衷于合并，他反复强调："裴熙亮是我的朋友，我信任他，我相信他的话。"此外他还搬出前总裁迪克·费希尔，强调说两人都希望达成合并。

1997年2月，麦晋桁、裴熙亮两人来到费希尔的家中，这天下午，价值102亿美元的合并合同谈成。2月5日，两家公司正式合并。为了表明公平性，新公司被称为"摩根士丹利·添惠·发现"，后来几年中，公司名字不断缩短，到2001年又改回"摩根士丹利"。

在华尔街，裴熙亮的绰号叫"好人"，"好人"战胜了"刀锋"，他坚持出任新公司的主席和CEO，麦晋桁选择了退让，担任总裁并兼任首席运营官。麦晋桁对此自信地说，他和裴熙亮的地位平等，合并后工资也一样，而且裴熙亮也不可能长期恋战——合并之后，摩根士丹利员工拥有18%的股份，而添惠·发现员工只有3.6%。

随后的事情证明他的预测错误。在新公司诞生之后的一年，麦晋桁发现，摩根士丹利管理委员会中支持自己的人一个接一个被清理出去，自己手中原有的权力也被瓜分。而且这种斗争并不是个人的成见，更多来自两家公

第十二章 逃出生天（1990年—2006年）

司文化的差别，麦晋桁成长于合伙人机制下，他更适应摩根家族坚持的文化，强调大家进行讨论和协商，但裴熙亮却喜欢独断专行。

麦晋桁失去了资产管理部门的监管权，随后又没有了零售部门的管辖权，只剩下投资银行部门。失望的麦晋桁选择在2001年1月离开，前往瑞士信贷第一波士顿银行担任CEO，成为裴熙亮的对手。他辞职的这一天，公司的每股股票价格跌落了将近3美元。

麦晋桁离开之后，裴熙亮大展拳脚，进行了一系列让人跌破眼镜的人事变动，表现出要将摩根派完全清洗的态度。这一切开始影响公司的气氛，许多优秀人才开始流失，并加盟摩根士丹利对手的阵营，竞争对手也制定相应战略从中渔利，甚至有消息传出，摩根士丹利即将被收购。不过，客观地说，裴熙亮上任之后，公司对股东的回报率很高，在每个领域的市场份额都有充分增长，直到2004年，公司的股票承销额还雄踞全球首位。

终于，事情走到了结的时候了。2005年3月，纽约的春天即将到来，内部始终存在分裂隐忧的摩根士丹利，终于发生了"八老逼宫"事件，以前总裁罗伯特·斯科特为首，包括前董事会主席帕克·吉尔伯特、前总裁罗伯特·格里希尔等八位前高管联名发出呼吁，要求董事会、机构投资者和公众能够支持他们"驱逐"裴熙亮。

这八位高管的分量都不小，加在一起更加惊人，他们代表了摩根士丹利从鲍德温掌权之后的经营灵魂，也代表了摩根家族的传统，那就是"用一流的方式开创一流的业务"。在他们眼中，裴熙亮领导的方式毫无绅士银行家应有的风度，而且裴熙亮起家是靠管理顾问，他最擅长运用管理手段以及背后的权谋，对金融专业他并不擅长，只是管理过信用卡和个人投资这些在摩根士丹利眼中属于"小儿科"的业务。

驱逐活动迅速结束，到7月，裴熙亮被迫退休，"八老"胜利收兵。他们并没有得到什么好处，反而自费750万美元用于宣传，而他们总共持有的摩根士丹利股票也只有1100万股，谈不上为了金钱战斗。随着驱逐行动的结束，摩根士丹利获得了灵魂的回归，7月，麦晋桁回到这里重新出任董事长兼首席执行官，当他再一次出现在银行总部时，员工们爆发出犹如迎接流行歌星一般的欢呼声。

即使是在个性和教养上，员工也更喜欢麦晋桁，因为他总是说出真实的想法，虽然他性子急，但他诚实、忠诚和坚强，他看重员工的忠诚，会花时间去见不同级别的员工，帮他们发展自己的职业生涯。而被"驱逐"的裴熙亮总是高高在上，看起来就只是企业年报上的那个名字而已。

今天再回头看这次驱逐的前因后果，联想皮尔庞特·摩根当年所展示出的无私、公正和对员工的关照，或许我们能找到摩根家族的精神在上百年后依然影响着摩根士丹利的明证。

互补出优势

在摩根士丹利风光无限地捞金之时，J.P.摩根公司肯定会有些许后悔，回头看杰克在1935年选择保留商业银行的业务，似乎是一步错棋。因此，J.P.摩根公司打算迎头赶上，开始在海外发展混合型投资银行。除此之外，他们不断地向国会游说，要求取消《格拉斯-斯蒂格尔法案》。

对这个法案感到愤怒的不光是J.P.摩根公司，所有商业银行都希望早日废除它，因为从汽车贷款到房屋抵押贷款，现在都被认为是证券业务，这些银行只能坐看投资银行赚钱。总裁普雷斯顿甚至在《幸福》杂志上宣布，J.P.摩根公司考虑要放弃商业银行，整体变成投资银行，即使这会牺牲少部分的业

第十二章 逃出生天（1990年—2006年）

务。虽然这更多只是一种姿态，却反映了J.P.摩根公司的焦急。

不久，曾经担任J.P.摩根公司董事的格林斯潘成为美联储主席，他开始支持商业银行的请求。1989年1月，摩根财团旗下的J.P.摩根证券公司获得了发行公司债券的权利，这是1929年大萧条以后美国首家商业银行取得这样的许可。之后，J.P.摩根公司完全变身为全球机构，在20世纪80年代末，其最高层的管理人员中有一半不是美国人。不过华尔街23号依然保存，虽然银行整体迁移到了华尔街60号的摩天大楼中，普雷斯顿依然说："这是纪念碑，除了我们以外，对其他人都没有价值。"

时间走到1999年，《格拉斯-斯蒂格尔法案》终被废除，J.P.摩根公司位列全球银行第五，在美国股票承销业务排名第七，他们需要做出新的改变来继续推进公司的成长。这一次，他们想到了和竞争对手合并。这个竞争对手就是大通曼哈顿银行。

大通曼哈顿和J.P.摩根的优势是互补的，前者有众多分支机构和客户，还有成熟的批发业务，J.P.摩根则能够提供国际业务、投资银行技能和较高的市场价值。更何况大通集团热衷于并购，1999年上任的CEO哈里森更是想要寻求一个强大的伙伴，于是，2000年12月，美联储全票通过合并计划，2001年新年，J.P.摩根大通公司正式诞生。

这一次合并与摩根士丹利和添惠·发现的合并不同，两家公司找到了彼此的共赢点，实现了商业银行和投资银行业务的交融，有利于增强整体实力。新公司成立之后，J.P.摩根大通总资产达到6500亿美元，很快成为仅次于花旗集团的全美第二大银行集团，哈里森出任新公司的CEO。

哈里森自己非常看好这次并购，但好事多磨，2001年第三季度，华尔街的情况并不好，J.P.摩根大通的利润额下降了三分之二。尽管如此，哈里森依然表示乐观："我们已经有了一个更为强大的平台来帮助我们安渡难关。"

这一年必定被记载入摩根的史册。9个月后，摩根士丹利公司见证了一场美国历史上从未有过的大灾难。2001年9月11日，天气晴好，摩根士丹利公司位于世贸大厦的办公室中正一片繁忙，整个公司总共有几千名员工。突然，尖叫声和爆炸声将所有在场人员惊呆了——巨大的波音飞机整体撞上了世贸大厦，撞击点距离公司楼层只有十几米。

公司总裁马上站出来，指挥所有人按照应急方案有条不紊地逃生。在半小时之内，除了几名不幸遇难者，其余所有员工全部安然撤退。随后，世贸大厦轰然倒塌，公司所有资料就此不复存在。

然而，摩根士丹利的证券业务在两天之后重新恢复，整个公司到新泽西州的新办公地点重新开始营业。公司装备了远程数据放在系统里，而在新泽西州有全部数据的备份和计算机服务器。摩根士丹利公司早就制定了科学而细致的风险预备方案，并始终在执行这个方案。否则，他们面临的很可能是灭顶之灾。

难关之后还有难关，J.P.摩根大通又卷入了安然事件。安然公司原本是一个很被看好的能源交易公司，但其丑闻却把公司的名字变成了不正当操作的代名词——这家公司居然敢将自己从J.P.摩根大通和花旗借来的现金宣称为公司的经营收入。2003年，J.P.摩根大通和花旗集团同意支付罚款给证券交易委员会，其中J.P.摩根大通要支付1.35亿美元，花旗支付1.01亿美元，另外还向纽约州和纽约市支付了5000万美元。

这些难关终究过去了，J.P.摩根大通的国内业务终于在2003年走上正轨，2004年，擅长合并的哈里森再出重拳，兼并了芝加哥第一银行，整个交易额达到580亿美元。这次合并形成了更为强大的业务平台，也符合美国各大银行形成的共识，那就是：规模决定竞争实力。那些看起来犹如巨无霸的银行能够迅速将业务发展到最热门的领域，同时，他们也能为大客户提供一条龙的金融服务。

这次合并中的谈判也解决了J.P.摩根大通未来领导人的问题，当时已经60

第十二章　逃出生天（1990年—2006年）

岁的哈里森决定在2005年退休，随后，他将把首席执行官位置交给杰米·戴蒙，在此之前，杰米·戴蒙担任总裁兼首席运营官的职位。

戴蒙是典型的银行家，他语速极快、性格直率，管理公司事宜不留情面，他对公司的每个细节都了如指掌，就像当年的皮尔庞特一样，只要他愿意就能随时抓住每个盈利或者亏损的小细节。他第一次参加J.P.摩根大通风险委员会会议时，就立刻向参会人员追问相关的真实数据，比如先问公司在某个特定交易中选择空头还是多头，然后再追问数据之间的关系，结果，参会人员只好说"我们查好了再向您汇报"。戴蒙马上冷冰冰地说："那我明天就要。"这种领导方式打破了官僚作风，让每个人的神经都像上了发条一般紧绷起来。

戴蒙进入J.P.摩根大通之后就开始削减开支，他认为公司的开支太庞大了，从管理层到员工都是如此。他首先宣布，高管的补贴标准会下降20%到50%，然后又进行了规模为12000人的裁员，裁员人数达到员工总数的7%。在他看来，所有不必要的财务开支都要废止，比如，当他知道有一项合约邀请500名培训人员来公司培训员工时，他马上停止了这个计划，他说："培训的工作应该由谁来做？应该由老板来做！"

戴蒙虽严苛，但很多高管仍选择留在J.P.摩根大通任职，因为戴蒙会根据员工表现来决定其薪水的高低。何况，戴蒙做事并不独裁，他的名言是"如果你身边十个人里面只有一个人说真话，那么其他九个人都应该被开除"。所以，在J.P.摩根大通运营委员会的会议中，戴蒙总是鼓励下属说出自己的真实看法，甚至会故意调侃自己。他会在会议上说："这是谁的蠢主意？"下属们则会笑着说："这是您的蠢主意！"

众望所归，权力交接的时候到了。2005年年底，49岁的戴蒙正式接任CEO，哈里森则宣布退休。其实，这样的交接只是个仪式，因为戴蒙早已掌管了整个公司。

成为CEO之后，戴蒙的性格并没有什么改变，他依然不惧权威、魅力四射。2006年1月31日，在花旗主办的金融服务公司会议上，他当着花旗CEO查尔斯·普林斯的面大发狂言："我想，我们应该干掉花旗。"考虑到戴蒙曾经在花旗银行工作了16年，但最终却被赶出，他有这样的想法也是可以理解的。更关键的是，从某个层面来看，J.P.摩根大通赶超花旗是事实，这样的事实发生在几乎要拖垮华尔街的次级贷款危机中。

第十三章
新世纪
（2006年—2015年）

躲过次贷危机

想要知道次贷危机有多严重？数字能够说明一切：2006年，众星捧月般回到摩根士丹利的麦晋桁在年底拿到4000万美元的奖励薪酬，但到2007年底，麦晋桁拿到的奖励薪酬却只有尴尬的0美元。

到底发生了什么？一切都是从2007年4月2日开始的。那一年，美国第二大次级贷款机构新世纪金融公司破产，次贷危机正式爆发，在这场危机中，摩根士丹利未能幸免，第四季度净亏损为35.9亿美元，受此影响，2007年他们的股价缩水了四成。正因如此，麦晋桁决定下"罪己诏"，决定这一年度自己一分钱奖金也不拿。

在这次危机之前，摩根士丹利忘记了摩根财团的传世名言，那是吉诺斯曾对皮尔庞特给出的忠告——金融市场犹如海上行船，摆脱风暴驶入平静海面并不容易，通过投机手段取得的财富很可能要付出可怕的代价。

一直以来，摩根士丹利对各种风险投机行为都相当热衷，他们从中也赚到了高额利润，裴熙亮的下台与他对风险投机的厌恶不无关系。包括"八老"们都相信，只有回到摩根士丹利一开始的冒险计划上去，公司才能用杠杆不断撬动收益。

问题是，摩根士丹利进入次级贷款市场太迟了，从2003年到2006年，美国住房抵押贷款市场非常景气，几家投资银行在资产证券化项目上都赚到了钱。等摩根士丹利投资7亿美元加入这一资本狂欢中时，它已经错过了最好时机，次贷危机问题随即爆发，结果摩根士丹利在这一财年总共减值了78亿美元。

坐在纽约公园大道8号楼的J.P.摩根大通总部办公室里，戴蒙看着摩根士丹利发生的这些变化，感觉自己在两年前做对了决定。当时，次级抵押贷款市场看起来欣欣向荣，花旗银行正狂热地开展次级贷款业务，戴蒙却看到了其中隐藏的危险。当年10月的某一天，他拿起电话打给手下的证券产品主管威廉·金时，威廉还在非洲度假，但戴蒙的语气不容置疑："把次级贷款业务的产品都卖掉，这种事情我见多了，它会带来大麻烦！"

这通电话改变了J.P.摩根大通未来的命运。当时，J.P.摩根大通的抵押贷款部门总共经营着8000亿美元的房屋抵押贷款，但公司的风险控制团队发现，次级贷款方面的拖欠还款现象越来越"正常化"，这引起了戴蒙的警惕。在他的领导下，公司进行明显的战略转移，开始大幅度削减手中的次级抵押贷款，到2006年底，J.P.摩根大通把自己发放的超过120亿美元的次级贷款全部转让，并且在之后再也没有涉足次级贷款业务。

其实，戴蒙当时所依据的信息都是整个行业中能够共享的，他并没有什么提前预知的能力，他依靠的是敏锐的判断和谨慎的理念。他警告了大家，但其他人还没有意识到问题有多严重。随后发生在华尔街的金融风暴的可怕程度令人咋舌，贷款违约率飙升的同时，房价狂跌不止，和抵押贷款相关的投资组合价值在市场上大幅缩水，这一切让不少金融巨头也无法招架。

一些金融大户比摩根士丹利损失更惨重，雷曼兄弟申请破产，美林银行被美国银行收购，花旗银行也元气大伤，他们选择将数百亿美元资产贬值来获取流动资本，那个接替戴蒙担任花旗银行CEO的普林斯黯然"下课"。

在这些落寞的身影前面，则屹立着J.P.摩根大通的坚毅形象。2008年3月16日，J.P.摩根大通宣布收购在次贷危机面前无力招架的美国第五大投资银行——贝尔斯登公司，总价格大约在2.36亿美元。贝尔斯登的股价曾经高达170美元，J.P.摩根大通此时的出价远远低于这个价格，而且美联储还同意提供300亿美元担保贝尔斯登有问题的债券，这简直是戴蒙一手导演的吞并好戏。

这次收购被外界评价为"将宝石嵌入了王冠"。贝尔斯登曾经是全世界盈利最高的投资银行，他们的机构经济业务非常强大，事实上如果不是因为客户的质疑而导致被一口气提走了170亿美元的现金，贝尔斯登或许能在这次的次级贷款危机中挺过去。但事情终究发生了，捡到便宜的正是之前看起来过分谨慎的J.P.摩根大通。戴蒙原本就是备受瞩目的人物，这一次他带领着J.P.摩根大通从危机中全身而退，更是被誉为"华尔街的传奇人物"。

谁解救摩根士丹利

英雄再伟大，也会用尽力气，何况身处重视理性分析和利益博弈的金融界。J.P.摩根大通的戴蒙再富有传奇色彩，也不可能做没有把握的事——比如，去拯救危机中的摩根士丹利。

2008年9月18日上午，财政部部长汉克·保尔森再一次拨通了J.P.摩根大通董事会主席戴蒙的电话，他诚恳问道："您是否能有兴趣收购已经陷入困境的投资银行摩根士丹利？而且，收购将会不花分文。"

这是历史给摩根人再次合并的机会，此时，美国正在经历次贷危机，股市下跌了将近20%，为了帮助保险业重量级公司美国国际集团渡过难关，联邦政府紧急批准了高达850亿美元的贷款，而下一个需要拯救的则是摩根士丹利。为了避免华尔街有可能发生的新一轮混乱，保尔森特意建议戴蒙考虑用

第十三章 新世纪（2006年—2015年）

接近免费的价格收购摩根士丹利。

之所以选择戴蒙，除了看重J.P.摩根大通的实力之外，还包括戴蒙在三年前就应政府要求而收购了贝尔斯登公司。这让保尔森觉得，戴蒙会是最后一位"政府金融家"，他很可能同意按照华盛顿的意思，为了华尔街的整体利益来收购摩根士丹利。

在当时来看，接管摩根士丹利的确有着很大的诱惑性，有些人听说了风声，已经开始把戴蒙和当年的约翰·皮尔庞特·摩根相比，他们认为戴蒙将有可能重建皮尔庞特当年创建的帝国。一旦形成这样的局面，那么摩根帝国的重组也势在必行，戴蒙完全能够将自己的名字书写进这个声名显赫的企业集团历史中。

面对不花分文重建帝国的机会，戴蒙并未冲动，反而十分冷静。在与保尔森通过两次电话之后，戴蒙才允诺，自己将会和董事会商讨相关事宜。

令人意想不到的是，戴蒙在董事会上分析了形势，建议董事会拒绝收购摩根士丹利。他说，J.P.摩根大通根本不应该考虑收购摩根士丹利，如果盲目进行交易完成合并，那么原本就属于两家不同公司的员工，很快就会因为彼此之间的鸿沟和利益而形成分裂局面，这将会让新的公司陷入拉帮结派的混乱中，面临更大风险。何况，摩根士丹利目前有很大的资产负债，亟待解决的还有裁员、减薪，等等问题，虽然收购看似免费，但最终会带来巨大花费。

戴蒙向董事会表示，公司目前准备接管华盛顿互惠银行的储蓄和贷款业务。这家公司设在西雅图，也濒临破产，相比接管摩根士丹利，接管这家银行更有利于公司。

戴蒙的意见是决定性的，董事会拒绝了保尔森提出的要求。

戴蒙的拒绝，让摩根士丹利的情形再次危急起来。此前，虽然麦晋桁主动降薪，加上其德高望重，没有像花旗和美林银行的CEO那样黯然辞职，但无可否认的是，摩根士丹利的形势相当不妙。业内知名的信用评级机构纷纷将摩根士丹利的信用等级下调，惠誉国际和标准普尔两大机构毫不客气地将摩根士丹利的前景评级定为"负面"。

必须有人站出来，将摩根士丹利从次贷危机中拉出来，这艘巨舰此时驶入的既不是蓝海也不是红海，而是一片死水，巨舰背负着的也不是能推动前行的燃料，而是足以压垮它的94亿美元巨额亏损。

谁会在最危险的时候伸出援手？摩根士丹利将目光投向东方。

2007年12月19日，在次贷危机初露端倪时，摩根士丹利宣布，公司和中国投资有限责任公司（下称中投公司）达成了交易协议，公司将向中投公司出售56亿美元面值的到期强制转股债券，从而获得后者的注资，以解决还款资金问题。而中投公司也将获得摩根士丹利9.86%的股份，成为其重要的大股东。

成立不久的中投公司，此时有着强烈的海外投资需求，而摩根士丹利正是看到这一点并加以利用，麦晋桁直白地表示，欢迎中投公司成为其长期投资者。

话说得很客气，但摩根士丹利毕竟是老牌金融家族企业，皮尔庞特·摩根谈判运筹的方式开创了企业传统，那就是从来都会想方设法地让利益的天平倾向自己。最终，注资合作协议是中投公司只是长期的被动投资者，不参与摩根士丹利公司的日常治理，56亿美元购买的是到期后（2010年8月7日）必须转化为普通股的可转换股权单位。

当时，无论是中投公司还是摩根士丹利，都没有想到次贷危机会进一步蔓延到后来的状况。到2008年9月，雷曼兄弟倒闭，摩根士丹利也陷入了流动性危机，事实上，当时整个公司的流动资金最少时甚至只够两三天周转，连财政部部长保尔森都被惊动，出面找J.P.摩根大通免费收购他们。

中投公司看准摩根士丹利此时急需流动现金，提出要求：提供500亿美元信用额度，加上不超过50亿美元的名义股权投资，换取摩根士丹利49%的股权。显然，中投公司希望利用摩根士丹利面临的紧迫形势降低之前自己的入股成本。

这种开价是摩根士丹利无法接受的，他们表面上继续谈判，但背后却和日本三菱日联金融集团（下称三菱日联）达成协议。最终，三菱日联用90亿美元购买摩根士丹利21%的股权，中投公司的股权比例反而被稀释到7.68%。后来，中投公司只好再于2009年6月又一次购入摩根士丹利发行的12亿美元普通股。

这套来自摩根家族的谈判技巧加外交手段，让摩根士丹利即使身处危机也能绝处逢生，公司硬是从破产的边缘爬了上来，得以倚靠在悬崖边喘息。

相比之下，中投公司则是"先苦后甜"。在次贷危机最严重的时候，摩根士丹利的普通股价格只有6.71美元每股，而中投公司的总成本是32美元每股，其总浮亏高达数十亿美元。好在到了2014年，随着美国经济复苏，摩根士丹利的股价重新走上30美元大关，2015年7月更是超过40美元，中投公司总算是获得了相对收益，而摩根士丹利也算没有辜负中投公司当年的援手。

当然，这已是后话，在2008年，摩根士丹利的喘息也只有一小会儿。

2008年11月7日，摩根士丹利宣布，公司已经在次贷危机中的损失高达37亿美元，分析师据此预测，公司在第四季度还会减少将近25亿美元的收益。

这些数字让人们确认了严峻的事实，那就是虽然来自中国的资本让摩根士丹利暂时躲过一劫，但引入新的注资势在必行，只有这样，摩根士丹利才能活下去。

在此之前，摩根士丹利必须先做出改变。

私人投资银行落幕

私人投资银行，作为金融史上不可或缺的角色正式步入商业舞台，正是《格拉斯-斯蒂格尔法案》通过之后的1933年。那一年，J.P.摩根公司被迫拆分，摩根士丹利则由此出走，成为华尔街最早的私人投行。

经历了七十多年的风风雨雨，私人投资银行的好日子走到了尽头。

其实，私人投资银行的业务并不复杂，它原本只用向顾客提供证券买卖和咨询的服务，帮助企业完成兼并，推销相关的股票、债券和种种金融衍生品……但这些业务的核心是短期资金，而拿到短期资金的私人投资银行又怎么舍得不将这些资金的作用发挥到极致？正因如此，私人投资银行不断加大杠杆比率，摩根士丹利的资金运用杠杆比率从2003年的15倍左右，上升到2007年的33倍，风险严重积压，导致次级贷款危机的风暴围绕私人投资银行这个"暴风眼"，悄然成形，轰然而至。

当市场的报复如期而至，一直在用杠杆撬动利润的摩根士丹利，只能面对必须转型这一结果。

2008年9月22日这一天，美国联邦储备委员会全体委员一致投票表决，批准摩根士丹利转型，成为银行控股企业，正式接受政府监管，同时获得批准的，还有摩根士丹利的宿敌高盛集团。

这次批准，正式终结了私人投资银行在华尔街的鼎盛时代。从此之后，几乎所有的美国金融机构都进入了美联储的监管范围内。

摩根财团和美联储的关系是微妙的，最初成立的美联储几乎就是摩根家族的"一言堂"，而独立之后的摩根士丹利始终没有理会美联储，但到了此时，双方的地位改变了——摩根士丹利必须放低身段，和其他普通金融机构一样，接受美联储的监督管理。

变化是痛苦的,摩根士丹利要为转型"买单"。比如,他们的金融衍生品研发和交易行为会受到严格管理,企业文化中激进的冒险精神也会受到压制。以前,他们只受到美国证券交易委员会的监管,而此后将会处于整个国家银行监管机构系统的监督之下,这意味着,今后的盈利方向要改变。

不过,转型同样也带来好处。比如,摩根士丹利从此就可以设立商业银行分支机构,来向公众吸收存款,获得更加稳定的资金来源;能够在收购、合并有保险存款的公司时,具有优势地位;还享有从美联储获得紧急贷款的权利,并利用抵押担保从美联储那里获得资金支持。

无论如何,转型完成了,摩根士丹利公司中或许不少人对私人投资银行时代有留恋,但一切都要向前看,摩根士丹利必须要重新审视身处的整个美国银行业格局。

从资产规模上来看,排名第一的是花旗集团,其后分别是美国银行和J.P.摩根大通,身处第四和第五位的则是高盛和摩根士丹利;从股票市值来看,由于受当时经济危机的影响,摩根士丹利的市值只能在美国银行业排名第八位,储蓄存款上摩根士丹利更是与其他银行相差一大截——2008年9月,他们的存款金额为360亿美元,而花旗银行的存款数额高达8036亿美元。

在私人投资银行时代做惯了行业的大佬,摩根士丹利当然对现况很不满意,他们也从没想过要在转型之后安心成为竞争队列的二流角色,为此,他们将要从目前最弱项的存款规模入手。

开始提高存款规模之前,摩根士丹利需要先解决自身资金流不足的问题。在拒绝了中投公司收购其49%股权之后不久,摩根士丹利宣布,和日本三菱日联结为战略联盟,三菱日联将用84亿美元收购其20%的股份,在简短的并购提示公告中,摩根士丹利宣布:"三菱日联金融是目前世界第二大银行控股公司,拥有1.1万亿美元银行存款。"

好事多磨,这项收购正是在经济危机最猖獗的时候进行的,市场上风声鹤唳，动辄传出三菱日联将要退出收购的消息，导致摩根士丹利的股价甚至在一周内下跌了60%！CEO麦晋桁只好频频安抚人心，向客户和员工发出邮件备忘录，谴责市场散布和传播谣言，造成公司股价的下跌。

好在，暴风雨终会过去，摩根士丹利总算驶向了宁静的航线，看到了穹顶那美丽的彩虹。到10月13日，收购正式完成，三菱日联用90亿美元收购了其21%的股份，股价也应声而涨，涨幅高达87%，信用评级机构立刻调转风向，将评级从"中性"上调为"买入"。

有了信用评级机构的认可，摩根士丹利终于有机会踏入开展存款业务的大门。然而，他们究竟要用什么样的方式来拓展存款业务呢？

摩根士丹利将战略眼光投向自己的零售经纪人队伍。这些经纪人的客户大多是从添惠·发现公司带来的，现在，摩根士丹利打算将之扩展成为核心存款业务的基础。

10月29日，新业务计划开始实施，一个月内，摩根士丹利下属的银行分支机构增加了30亿美元的定期存单。面对良好的开局，公司开始在联邦存款保险公司的帮助下，进行一些收购，收购目标集中在那些偿付能力不足的中小银行身上。

用收购的方式来形成存款业务体系，显然比起由摩根士丹利自己培育要好得多，他们从不依赖分支机构赚钱，而现在也同样不会放弃用"收购"工具来实现迅速扩张的目标。

目标在哪里？摩根士丹利一时难以决定。

此时，已经是2008年第四季度，全美银行业的日子都不好过，银行业总共亏损262亿美元，创下有史以来最高纪录。而进入2009年，花旗银行、美国银行等大企业都开始被变相国有化，有人鼓吹美国政府应该将银行全盘国有化，这时的摩根士丹利虽然因为转型成功而股价有所上升，但依然显得压力重重，到2009年3月2日，股价从反弹的高点又下跌了将近30%。

第十三章 新世纪（2006年—2015年）

为了解决缺乏分支机构的问题，摩根士丹利焦急地寻找着并购目标。当美国银行打算出售旗下一家私人银行时，他们就扮演了潜在买家的角色，希望能够借此扩大业务部门。此后，当花旗银行急需资金时，摩根士丹利把握住了机会，收购了其旗下业务部门。

双方正式的合资协议在2009年1月14日达成，摩根士丹利将自己的经纪业务部门和花旗集团旗下的所罗门美邦进行合并，合并后，这个庞大的经纪公司总共拥有24000名经纪人，成为全球最大的经纪公司。新的公司中，将会拥有超过2万名投资顾问，客户资产高达1.7万亿美元，全球680万个家庭接受他们的服务，摩根士丹利为此向花旗支付了27亿美元，持股51%，花旗则拥有49%的股权。

这次合资成立摩根士丹利美邦公司，对双方而言都是一次胜利。花旗总共拿到了58亿美元的税后收入，而摩根士丹利也将能利用新公司来整合技术、运营、销售支持、产品开发和市场营销，最关键的是，他们能够节省经纪人的手续成本，并带来更多手续费收入，在个人金融服务业务市场中获得更大的份额。

面对这次收购，新任CEO戈尔曼先生多少有种如释重负的感觉。2006年，麦晋桁从美林银行将詹姆斯·戈尔曼挖了过来，在四年的工作之后，戈尔曼接过了CEO职务。在他的领导下，摩根士丹利将要开始从风险巨大的投资银行向寻求稳定安全发展的零售经纪商、兼并顾问发展。

在戈尔曼的领导下，一切发展有序，经济危机正在慢慢缓解，虽然股价仍然波动较大，但公司总体情况正在改善。2011年9月，公司宣布麦晋桁将在年底退休，而戈尔曼将会接任董事长职务。

和麦晋桁相比，戈尔曼更加温和、礼貌和内敛，他在工作上谨慎稳健，很少像麦晋桁那样动辄决定投下几十亿美元的"赌注"。不过他能在必要情况下果断行动——在接到临时通知需参加中国农业银行IPO演示说明会议之后，他从度假的海岛直接坐飞机去北京，在20分钟的会议结束后，他又马上飞回美国，赶往度假的家人身边。

这种领导风格更符合新时代的摩根士丹利。2013年，公司终于扭亏为盈，获取了9.06亿美元的盈利，银行股价也大为上涨，每股接近30美元。相比之下，高盛则因为经营不善，导致收益大大下滑。对这样的业绩，董事会感到满意，给戈尔曼开出了1200万美元的年薪，这个数字是其2012年薪酬的一倍。

即使个人领导能力受到肯定，但戈尔曼依然相当冷静，2014年5月，在纽约召开的一次会议中，向来谨言慎行的他说，虽然华尔街巨头们的名字还留存，但私人投资银行的时代已经"彻底结束"了，而这意味着"那个在经济危机爆发前，曾经在交易能力方面拼命追赶高盛的摩根士丹利，现在必须将关注重点转移到财富和资本管理上来，这些业务不需要那么密集的资本，产生的收益也比较稳定"。

的确，金融冒险和赌博的时代已经随着经济危机的结束而结束，未来，摩根士丹利的市场或许没有之前那样"精彩"，但却将有着迥然不同的挑战和诱惑。

投资中国，就是投资希望

在摩根财团的全球扩张战略链条中，中国是不可或缺的一环。这一点从麦晋桁的选择就能看出，在2005年回归摩根士丹利之后的12个月内，他先后三次到访中国，中国在摩根财团价值体系中的地位由此也可见一斑。

早在将近100年前，摩根财团就已经涉足中国市场，而和现代中国打交

第十三章 新世纪（2006年—2015年）

道，要以1995年摩根士丹利和中国建设银行倡议建立中国国际金融股份有限公司（下称中金公司）为开端。

那一年，上海证券交易所成立刚刚5年。

也正是那一年，在一段紧锣密鼓的接触之后，中金公司浮出水面，这家合资证券公司注册资本金为1.25亿美元，最初控股人包括中国建设银行、摩根士丹利，此外还有中国投融资担保股份有限公司、新加坡政府投资公司和名力集团控股有限公司。按照合同约定，摩根士丹利要向中金公司提供多种技术转让和协助，并直接管理部分业务，摩根士丹利希望通过这种形式，迅速进入这片繁荣的新兴市场分一杯羹。

但事情发展并未如此顺利，中金公司实力增长迅速，反而成了中国国内券商的旗舰，到2007年为止，中金公司总共为一大批国有企业进行了上千亿美元的上市融资操作。虽然摩根士丹利最初的原始投资已经数十倍地升值，但他们梦想中的市场份额却没有到来，反而因为中金公司的崛起而缩小了，加上高盛也作为合资券商进入了中国国内，更是让摩根士丹利感到忧心忡忡。

由于相关政策规定，一家外资机构不能同时参股中国国内的两家证券公司，摩根士丹利开始计划出售中金公司股权，此时正是2008年1月，经济危机结束没有多久，一时间找不到合适的买家，事情就此搁置了下来。直到2010年12月9日，中金公司宣布，摩根士丹利所持的股份已经分别转让给其他股东，包括科尔伯格·克拉维斯·罗伯茨、得太资本、新加坡政府投资公司和大东方控股有限公司，这时，双方的"情缘"才算终于结束。

据说，摩根士丹利转让股份获利10亿美元，而股权总收益率在24%，仅仅从投资角度来看，这样的成绩还是相当不错的。

从中金公司退出，并不意味着摩根士丹利放弃中国市场，很快，他们又找到了新的合作者。

2011年6月10日，华鑫证券与摩根士丹利共同宣布，双方合资成立的证券公司正式运营，华鑫证券占其中三分之二股权，而摩根士丹利拥有其中三分之一股权。

摩根士丹利和华鑫的合作早已埋下伏笔，当摩根士丹利发现中金公司不可能为其真正管理时，精明的摩根人就将目光投向了华鑫证券。

华鑫证券原本实力较弱，是2001年在原西安证券和无锡证券的基础上，由七家股东组建而成，经过股权结构的变更，基本为上海系企业所控制，这让合作谈判变得很方便。

2007年，摩根士丹利和华鑫证券签订了战略合作协议，决定在未来实现合资证券公司的合作。之所以选择成立合资公司而并非直接入股，是基于以下两点考虑。

首先，摩根士丹利毕竟还是中金公司的第二大股东，法律不允许同时入股。

其次，采取这种合作形式让摩根人进可攻退可守。如果政策允许全牌照方案（即金融机构同时获取信托、银行、保险、券商、基金、期货、租赁等七张运营资格牌照），摩根士丹利就能全面入股华鑫证券；反之，就通过证券开展业务。

为此，摩根士丹利的高管们精心设计了控制华鑫证券的计划，他们决定不试图拥有控股权，而是直接在人员安排上下功夫，透过对董事会成员和高管人员的安排实现控制权。其具体方式就是，在合法的基础上，双方先选择巨田基金进行试验性的合作，控股权上，华鑫证券依然占主导地位，但巨田基金董事会却要由摩根士丹利来控制。

2008年4月，摩根士丹利持有巨田基金40%股权，而华鑫证券持有30%股权，之后，按照证监会要求，摩根士丹利将手中的6%股权转让给华鑫证券，但这并不影响其对董事会的控制。2008年6月12日，巨田基金更名为摩根士丹利华鑫基金，正式进入中国的证券市场分享中国发展和成长的"蛋糕"。

第十三章 新世纪（2006年—2015年）

除了投资银行以外，摩根士丹利还于2006年10月2日，正式收购了珠海南通银行，虽然这家银行当时仅仅只有几十名员工，但这意味着摩根士丹利获得了中国商业银行经营牌照和外资投行业务，成为综合类外资金融公司。当时，在中国，能够做到这一点的只有花旗和汇丰两家外资金融集团。

珠海南通银行在被收购之后，更名为摩根士丹利国际银行（中国）有限公司，在此之前，美国投行界还没有在中国完成过类似的任何一笔收购。无论从何种角度来看，收购珠海南通银行这一仗，摩根士丹利打得相当漂亮。

除了上述成绩之外，摩根士丹利在中国还频繁开展直接投资业务，包括进行私募投资和房产投资基金，以及利用"对赌协议"对中国企业进行直接投资。其中最著名的是2003年，他们同牛根生领军的蒙牛签订了"可换股文据"：如果未来蒙牛业绩良好，"可换股文据"就能实现高期权价值，反之，就有可能分文不值，损失惨重。双方约定，到2006年为止，蒙牛的复合年增长率不能低于50%，否则，公司管理层就会输给以摩根士丹利为首的三家公司超过7000万股的公司股份，反之，以摩根士丹利为首的三家公司就要拿出相应股份奖励给蒙牛管理层。

到2004年6月，蒙牛业绩达到预期目标，摩根士丹利拿到了"可换股文据"的期权价值，也向蒙牛管理层发放了股份奖励。

实际上，这样的对赌协议让摩根士丹利成为稳定的赢家。如果蒙牛的业绩达到预期目标，他们输了一些股份，但"可换股文据"让他们分享到了更多蒙牛的增长业绩；如果蒙牛业绩没有达到预期目标，他们则能够拿到数千万股的公司股份。

此后，摩根士丹利还同数家大型中国企业进行了类似的对赌。虽然他们抱着投资中国就是投资希望的态度来到这里，但别忘了，摩根人从不会愿意亏本，想要和他们对赌，那就要承担巨大风险，而摩根人却能在大部分情况下得到收益。

和摩根士丹利一样，J.P.摩根大通也不会忘记中国市场，他们在香港的发展已经有了30多年的历史，曾经为多起国企H股重组上市进行操作，包括华能国际电力、安徽海螺和成渝高速等。

不过，在2001年正式合并之前，无论是J.P.摩根公司还是大通曼哈顿银行，都是作为商业银行而存在，虽然经过美国证监会同意得以从事证券业务，但相比摩根士丹利，他们在中国的证券市场更需要从零起步。

2011年6月，J.P.摩根大通同第一创业证券股份有限公司组建第一创业摩根大通证券有限责任公司（下称一创摩根），J.P.摩根大通持股33.3%，合资公司获得了证监会颁发的经营证券业务许可证，顺利进入中国的证券市场。但合并之后，该公司的业绩表现并没有带来很大惊喜，尤其是2012年前三季度，一创摩根的承销项目居然颗粒无收，储备项目也只有寥寥数个，反而投行保荐代表人的离职率高达43%。这说明，J.P.摩根大通在华的投行业务，还需要继续努力。

摩根的新"国王"

曾属同一个家族，摩根士丹利和J.P.摩根大通，难免经常被人们拿来比较。在中国市场中，摩根士丹利略胜一等，以至于被华人金融圈俗称为"大摩"，而J.P.摩根大通则被对应地称为"小摩"。其实，小摩不小，而其CEO杰米·戴蒙更具有国王气质。

时间回到2008年经济危机，在情况严峻的时刻，美联储总共推出了51项措施来救市，其中不少政策实际上就是大量印刷钞票，在如此不计成本的政策刺激下,华尔街总算开始走出困境。而此时,戴蒙已经和他的团队开始抢夺新市场份额了。

当年,J.P.摩根大通在外汇、商品、信用卡和新兴市场领域都获得了历史最好的业绩,在债券、股票、贷款和股票衍生产品的业绩上,J.P.摩根大通也都位列榜首,市场占有率达到8.8%。

到了年底,几乎每个金融机构的员工都开始希望在J.P.摩根大通获得工作的机会,戴蒙长期的稳妥经营,终于为公司收获了巨大回报。2009年7月中旬,投资机构给出的J.P.摩根大通的评估价值为1260亿美元,与此同时,美国银行只获得810亿美元的评估价值,而花旗则更少,只有150亿美元。

由于戴蒙带着整个J.P.摩根大通躲过了美国历史上最严重的经济危机,这也使得他声名鹊起,能够有资格对国家经济政策发表自己的看法。比如,他在接受采访时表示,美国应该反思自己的国际金融政策,不应过度向其他国家借贷,尤其在资金紧张时,还坚持认为这些国家会购买美国国债而继续向美国提供资金。戴蒙说,这样的政策是一种"伪善"。

戴蒙坚持认为,自己虽然只是J.P.摩根大通的CEO,但所肩负的责任并非局限于公司股东。他在一些场合会直接质疑政府对金融机构监管的局限性,批评监管者只是看到个别现象,却看不到整体。戴蒙举例说:"例如,有些监管者看到,快餐店销售汽水获利高达90%,结果他们就大惊小怪,要求这个利润必须减少到10%或者20%,在我眼中这只会带来一个结果,就是快餐店会给汉堡涨价。"

正因为戴蒙有这样的脾气,在他的最亲密的朋友和同事看来,他可能无法像外界媒体预测的那样走上仕途。他需要学会怎么样玩弄政治手段,同看起来并不聪明的人打交道,做到所谓的左右逢源,而不是像当年的皮尔庞特·摩根那样在发表观点时一针见血、不留情面。

其实,在2009年4月左右,这位J.P.摩根大通的新"国王"已经努力改变自己，他成功地协调了自己和政府的关系，并且把关系都处理得很好。但显然，他对此已经很不耐烦了，对政府的某些言论让他和监管机构的关系始终平平淡淡，没有什么进展。虽然他曾经是奥巴马竞选班底的非正式顾问，但当奥巴马竞选成功之后，戴蒙在回应某些传闻时依然干脆地说道："不可能任命一个华尔街的CEO来做财政部部长。"而当记者问到为什么不澄清谣言，他则不解地耸耸肩说："如果你去宣称自己对没有授予的东西不感兴趣，是不是显得太矫情了？"

不过，奥巴马对戴蒙很是欣赏，他曾经公开点名夸赞戴蒙："很多银行在管理上做得很好，例如J.P.摩根大通就是其中的典型，杰米能够将如此之大的投资体系管理得如此出色，我觉得值得赞赏。"

戴蒙之所以能管理出色，和他大刀阔斧而扎实入微的管理风格有着密不可分的联系。2009年2月23日，他做出削减公司股息的决定，再一次向所有人展示其勇气和决心。戴蒙认为，这对J.P.摩根大通减少成本是非常重要的，于是他不顾可能存在的反对声音坚持宣布这一政策。他当年在哈佛商学院的同学布莱恩·罗杰斯是公司的大投资商，戴蒙宣布消息的上午，布莱恩还在对客户略带夸耀意味地说，现在这样的市场，唯一值得信赖的就是J.P.摩根大通的股息。然而，当他回到办公室时，就听到了戴蒙宣布的消息，可以想象，布莱恩有多么生气和尴尬。但当戴蒙随即向下属们做出解释之后，布莱恩很快理解了戴蒙的做法，事实证明，戴蒙的确做对了，J.P.摩根大通公司的股价随后一路上涨。

在资本的海洋中航行，谁都不能保证永不触礁，即使是现任美国总统最欣赏的银行家也一样。

2012年，经济危机已经过去，J.P.摩根大通业绩蒸蒸日上，戴蒙看起来风光无限。但5月12日，一场事先毫无征兆的灾难来袭，差点毁掉了戴蒙的"国王"地位。当天，J.P.摩根大通宣布，由于一个交易员的判断失误，导致公

第十三章 新世纪（2006年—2015年）

司损失接近20亿美元，此后，J.P.摩根大通的股价由于该事件持续下跌，到月底，累积跌幅已经达到18%，加上未来来自监管部门的罚款，总体损失最终达到接近60亿美元，这还不包括于2013年9月上缴给英美多家政府部门的9.1亿美元罚款，这一事件被称作"伦敦鲸"。

对风险估计不足、内部缺乏有效的控制，是导致"伦敦鲸"事件出现的背后原因，戴蒙一度被要求离开。好在股东们表示出了宽容的态度，戴蒙得以留任，但作为"交换"，戴蒙不得不放弃了银行业务部门的董事长职位，并宣布自己的年薪减少一半，质疑声终于平息下来。到了2013年，戴蒙带领着公司创造了179亿美元的收益，将股价提高了33%，股东会议很快给他重新加了薪。

2014年，戴蒙被诊断罹患咽喉癌，但他决定，自己还要在J.P.摩根大通留任5年。为此，戴蒙决定不效仿乔布斯隐瞒病情，而是详细公布了病情和治疗计划。这种坦诚的态度，让巴菲特赞许不已，他说："他是一个一等一的好人，我祝福他一切顺利。"

12月，经过医学检测发现，戴蒙的体内已经没有了患癌迹象。J.P.摩根大通的股票一度上涨了2.1%作为回应，这艘古老的大船因此得以更加稳定地在一位优秀船长的指挥下前行。

时间走进了2015年，无论是在刚柔并济的戴蒙，还是在沉稳理性的戈尔曼领导下，J.P.摩根大通和摩根士丹利，它们的未来依然充满了不确定，他们面对的竞争和风险依旧延续。但拨开这些未知因素，人们需要记住的是，这两家公司在实力上代表了业界最高水平，其员工队伍则凝聚了来自全世界的精英，他们将会孜孜不倦地奋斗下去，因为在永不入眠的金钱游戏中，赢家和输家有着必然的区别。

更重要的是，在这两家公司中，摩根家族代代继承的精神，早已突破了血缘限制，不断吸引着越来越多的认同者加入，属于家族和企业的智慧理念，也同样永远值得所有人分享。

拥抱移动互联网时代

杰米·戴蒙说："我一生都在追随科技。"

2014年，随着咽喉癌被治愈，戴蒙开始将J.P.摩根大通打造为业界的技术领跑者，全力拥抱移动互联网时代。

早在20世纪80年代，戴蒙就向比尔·盖茨咨询了将视窗系统引入金融工作领域的方案。2006年，成为J.P.摩根大通董事长兼首席执行官不久，戴蒙就毅然宣布，J.P.摩根大通将不会再像其他同行那样将科技工作任务外包，而是要建立自己的技术平台。在他看来，拥有领先的技术，银行才能更快地将金融产品推向市场、改善风险管理并优化资本配置。

即便在经济危机中，戴蒙强力领导下的J.P.摩根大通，依然持续在数字化方向投入巨资。短短几年之内，"移动第一，一切数字化"，开始成为投资者会议和季度财报中反复出现的热门词语。相比之下，富国银行和花旗银行这些竞争对手，却在专注于通过削减支出、出售资产来度过危机。此后，J.P.摩根大通始终将年收入的10%用于科技支出，对银行而言，这是一个相当巨大的数字，尤其考虑任何客户都不可能从这一领域的支出中获得直接投资回报，公司为拥抱移动互联网所花费的资金就更为惊人——从2016年开始，杰米·戴蒙总共批准了200多亿美元，用于数字银行、投资顾问、交易和网络安全方面的新产品。

与以往的同行们将金融科技公司看作搅局者不同，戴蒙致力于推动J.P.摩根大通和硅谷建立密切合作的关系。J.P.摩根大通投资了硅谷内将近上百家的科技公司，主要包括P2P消费者支付、小企业贷款、在线抵押贷款和汽车融资等方面。

如此投资带来的变化是显著的。今天，在J.P.摩根大通，当新客户使用财富管理业务时，不必像之前那样签署大量的文件，花费大量的时间，而是可以通过短短的三分钟就用手机开设一个账户；在摩根财团旗下的企业和投资银行业务中，机构投资者能够利用AI软件直接扫描搜索无数的财务报告，找到可能发行更多债务或者股权的投资对象；即便是摩根财团的零售银行，也开始不断测试新的手机应用程序，研究人员隐藏在双向镜子后面，观察普通客户的面部表情和肢体语言，从而判断他们的体验。

这一切变化，来自戴蒙对竞争态势的判断结论。他不止一次在内部讲话中表示，J.P.摩根大通真正的竞争对手已经发生变化：不再是同行中某家银行或中小金融科技公司，而是亚马逊这样的互联网巨鳄。

戴蒙非常清楚，亚马逊或者其他互联网企业之所以没有成为全资银行，并非其能力所限，只是因为联邦法规不允许而已。但在大洋彼岸的中国，情况早已发生变化，阿里巴巴、腾讯和百度这样的互联网巨头，其金融服务的规模发生了爆炸性的增长。因此，一旦行业监管壁垒被取消，亚马逊的未来不可估量。事实上，亚马逊早就开始在那些传统大型银行认为不赚钱的领域进行深耕布局，试图以迂回方式进入金融业，对此，贝恩公司在2017年3月向J.P.摩根大通提出："起初，这将是无人愿意投入的部分，显得无利可图。然后，亚马逊就会侵吞馅饼的其他部分……亚马逊的银行服务，在未来五年左右将增长到服务超过7000万美国消费者的良机——这将与美国第三大银行富国银行的规模大致相当。"

虽然彼此竞争关系已经明朗化，但戴蒙与亚马逊创始人杰夫·贝佐斯却始终是关系密切的好友，在他加入J.P.摩根大通之前，贝佐斯就曾经邀请他进入亚马逊，但他最终还是选择了钟爱的金融领域。这样的关系同样体现在两家公司的合作关系上：与其他银行一样，J.P.摩根大通将亚马逊的云计算服务作为重要工具，用以存储和计算数据的业务。此外，J.P.摩根大通的交易员，正在越来越多地使用亚马逊提供的云语音工具Alexa，帮助他们完成研究报告和股价预测。

同时，J.P.摩根大通和亚马逊还为亚马逊会员提供联名信用卡，在零售支票、商业信用卡项目上，J.P.摩根大通是亚马逊潜在的首选合作伙伴。

戴蒙透露，在自己预定的2023年退休时间点之前，J.P.摩根大通还要在科技项目上再投入数十亿美元。而一直以来持续不断地投入，正是为了将J.P.摩根大通这样传统的金融企业，变成亚马逊、谷歌或者Facebook这样的高科技巨头。他说，"这些互联网公司非常擅长为技术体验流程增添乐趣和便利，我们也会努力通过提供越来越多的产品和服务，为客户提供增值服务，其中一些免费，另一些收费。"

除了关注成熟的移动互联网技术之外，J.P.摩根大通还在区块链和加密货币领域进行深度布局。虽然戴蒙在2017年宣布比特币这种分散货币是一种"欺诈"，并在接受采访时提出比特币市场会崩盘，但与此同时，J.P.摩根大通却开发出了名为"Quorum"的区块链技术。

当时，J.P.摩根大通选择和加密货币公司Zcash合作，借助"零知识证明加密协议"，开发出一款能够首先对用户交易行为加以隐藏或选择性公开的软件。该软件可以实现用户在不透露更多信息的情况之下，证明其经济或行为能力。2018年，J.P.摩根大通进一步开发出用于金融交易结算和对账的分布式账款应用，这说明，他们正打算将区块链应用到全球每年的外汇市场和资金融通业务中去。至此，人们基本可以判断，戴蒙对比特币和区块链曾经给出的猛烈批评，很可能只是一种烟幕弹。

其实，J.P.摩根大通对区块链技术的真正看法，隐藏在他们提交的专利申请中。他们如此描述传统技术："从支付组织到付款受益方，所有的跨境支付必须处理交易的银行和结算所之间产生一些信息及流程，这种操作往往导致交易缓慢，因为其中可能涉及代理银行业务、消息网络，以及支付流程中清算中介机构等多个中间环节，导致服务效率延迟。"不言而喻，解决这些问题无法依靠现行网络系统，只能来自性价比更高、速度更快的区块链技

第十三章 新世纪（2006年—2015年）

术，做到真正的实时结算。而这正是J.P.摩根大通下一步的努力方向。

由于在短短十年内，中国成了移动互联网应用的大国，并表现出充沛的市场潜力和成长空间。选择全力拥抱移动互联网时代，J.P.摩根大通自然无法忽视走在前沿的现代化中国。

2018年5月，J.P.摩根大通企业和投资银行向中国证监会递交申请，提出建立一家持股比例为51%的全新证券公司，并计划在未来数年内达到监管允许的条件，将持股比例增加到100%。此外，J.P.摩根大通的资产和财富管理部门也提出计划，打算将其在上投摩根基金管理有限公司的持股比例增加到控股的程度。对这一系列在华举措和计划，戴蒙说："这是J.P.摩根大通为实现支持中国发展所作的承诺。"而J.P.摩根大通公司全球股票资本市场主管丽兹·迈尔斯的表态，则更加直接，她说："中国许多大型科技公司都希望在未来一两年内进行股权融资，这将成为前所未有的上市热潮。"显然，J.P.摩根大通不希望错过加入如此庞大市场的机会，他们本身就是美国科技股IPO的领头承销商，在2017年中国的IPO浪潮中，他们也获得了几宗10亿美元以上体量的项目。现在，他们打算进一步深入到中国的移动互联网科技领域，寻求更多的业务突破。

戴蒙始终深信摩根家族的传统理念：如果你无法战胜你的对手，那么就应该加入他们。在皮尔庞特·摩根从未预料到的新时代里，移动互联网力量不可动摇，依靠个人成就英雄传说的梦想已经远去，被高科技颠覆的传统行业将会越来越多。因此，传统金融企业必须从坚固的砖石建筑中走出来，进化为冉冉升起的高科技新星，必须从以美国为核心的理念中走出来，拥抱新时代、新世界。舍此之外，并无其他成功之途。

值得全体摩根人庆幸的是，在这条道路上，戴蒙领导下的百年企业，已然昂首阔步，走到了行业的最前端。

参考文献

[1] 罗恩·彻诺. 摩根财团：美国一代银行王朝和现代金融业的崛起[M]. 金立群，校译. 北京：中国财政经济出版社，2003.

[2] 琼·施特劳斯. 华尔街之子：摩根[M]. 王同宽，贺慧宇，池俊常，译. 北京：华夏出版社，2004.

[3] 克瑞沙弗莉. 杰米·戴蒙的金融帝国[M]. 亓旭文，韩婷婷，宋芝仙，译. 北京：中国人民大学出版社，2009.

[4] 达夫·麦克唐纳. 最后的胜者：杰米·戴蒙与摩根大通的兴起[M]. 孙晓芳，译. 北京：东方出版社，2011.

[5] 约翰·皮尔庞特·摩根. 摩根家书[M]. 徐世明，译. 合肥：安徽人民出版社，2012.

[6] 袁朝晖. 摩根帝国[M]. 北京：经济日报出版社，2010.

[7] 郑先炳. 解读摩根大通银行[M]. 北京：中国金融出版社，2008.

[8] 弗雷德里克·L·艾伦. 金融的王道：J.P.摩根传[M]. 蔡华，译. 南京：凤凰出版社，2011.

[9] 陈胜权，刘亚飞. 解读摩根士丹利[M]. 北京：中国金融出版社，2009.

[10] 徐绍峰. 乱世枭雄：摩根士丹利[M]. 北京：中国金融出版社，2009.

[11] 李咏. 华尔街的拿破仑：摩根传奇[M]. 北京：中国经济出版社，2011.